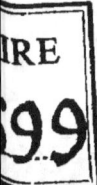

24699

MUSÉE DE NANTES.

Nous livrons au public la notice explicative des tableaux du Muséum de Nantes, sans nous dissimuler l'imperfection de notre travail. En présence des difficultés nombreuses que nous avons rencontrées, nous n'eussions cédé que bien plus tard à la demande qui nous en était continuellement faite, si nous fussions restés sans espoir de trouver dans cette publication une source féconde d'avis dont la discussion puisse nous aider à découvrir la vérité.

En sollicitant l'indulgence des artistes et des savants, nous les prions donc de vouloir bien nous aider de leurs connaissances pour fixer définitivement : 1.º Le sujet de chaque tableau ; 2.º l'école à laquelle il appartient ; 3.º l'époque de sa composition ; 4.º le maître auquel on peut l'attribuer ; 5.º le degré de foi que l'on doit accorder à son originalité.

Le Conservateur du Musée accueillera avec reconnaissance toutes les observations que l'on voudra bien lui adresser, soit de vive voix, soit par écrit, et il s'empressera toujours de soumettre aux connaisseurs les motifs de chaque jugement.

CATALOGUE

DES

TABLEAUX ET STATUES

DU MUSÉE

DE LA VILLE DE NANTES.

PREMIÈRE ÉDITION.

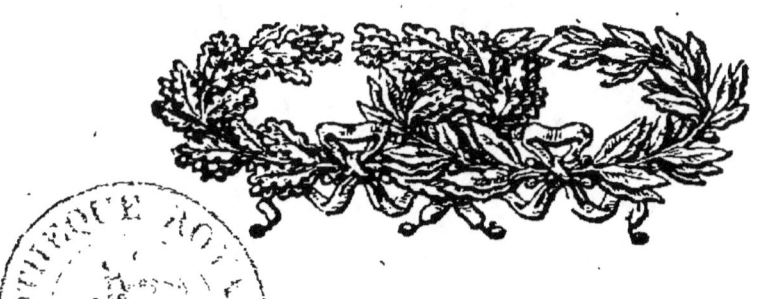

Nantes,
DE L'IMPRIMERIE DE MELLINET.

—

Juillet 1833.

CATALOGUE

DES

TABLEAUX ET STATUES

DU MUSÉE

DE LA VILLE DE NANTES.

ALBANE (François Albani *dit* l'). *École lombarde.*

Naquit à Bologne en 1578, et y mourut en 1660.

1. — Denis Calvart lui donna les premiers principes, puis il entra dans l'école des Carraches. Après un long séjour à Rome il se fixa à Bologne, où il épousa

une belle femme dont il eut douze beaux enfants, qui lui servirent de modèles pour les groupes d'amours dont il enrichit ses grâcieuses compositions. Ses élèves principaux furent les deux Mola, André Sacchi, Cignani et Bibiena.

2. — Saint-Jean baptisant Jésus-Christ dans les eaux du Jourdain. Hauteur, 9 pieds; largeur, 6 pieds 2 pouces.

Plusieurs artistes habiles, qui ont vu ce tableau, n'ont pas hésité à le classer parmi les plus beaux sortis de la main de l'Albane.

3. — Diane, surprise au bain par Actéon, le change en cerf. Hauteur, 1 pied 2 pouces sur 2 pieds.

Première idée d'un tableau qu'on voit au Musée Royal.

ANDRÉ DEL SARTO (Vannucchi). *Ecole de Florence.*

Né à Florence en 1488, mort de la peste, dans la même ville, en 1530. Fils d'un tailleur d'habits, ce qui lui a valu le surnom de Sarto; il devint un des premiers peintres de son temps. Jean

Baril et Pierre Cosimo furent ses maîtres; son application à étudier les ouvrages de Michel-Ange et de Raphaël lui fit faire des progrès étonnants. L'Italie, et Florence en particulier, conservent des monuments de son génie. Appelé en France par François I.er, il peignit plusieurs tableaux pour ce roi dont, plus tard, il abusa de la confiance. Ses figures ont quelque chose de grandiose; mais on leur désirerait plus de grâces et d'expression ; son caractère étant froid et son imagination peu vive, l'ont empêché de répandre dans ses ouvrages le feu qui leur manque. On compte parmi ses élèves Jacques Pontorme, François Salviati, et Georges Vasari.

4. — La Vierge, son fils et Saint-Jean-Baptiste. Très-bel ouvrage dans sa première manière; il est partout empreint du grand caractère des écoles florentine et romaine ; la figure de Saint-Jean est surtout de la plus grande beauté. Hauteur, 3 pieds 2 pouces sur 2 pieds 5 pouces.

5. — La Vierge et l'enfant Jésus debout. Première manière. Nous nous bornerons à dire que plusieurs amateurs ont attribué

ce tableau à Raphaël. Hauteur, 2 pieds 8 pouces sur 2 pieds.

6. — La charité. (Copie.) Répétition du beau tableau qu'on voit au musée de Paris, lequel fut peint en 1518 pour François Ier. Nous disons répétition, parce qu'une copie, si bien soit-elle, ne peut reproduire un tableau avec le fini précieux et l'exactitude dans le coloris et le dessin qu'on remarque dans celui-ci. Hauteur, 5 pieds 9 pouces sur 4 pieds 6 pouces. Notre tableau est d'autant plus précieux que la dégradation de celui de Paris est complète.

7. — Sainte Famille. Tableau qui a beaucoup souffert. Hauteur, 3 pieds 5 pouces; largeur, 2 pieds 6 pouces.

ANGELICO (B. Giov).

Moine connu sous le nom du père Angelico, de Florence, vivait du temps de Masaccio.

8. — Annonciation (peinte sur ardoise). Quoique d'un dessin gothique, ce tableau est charmant et d'un fini précieux. Largeur, 1 pied 3 pouces sur 10 pouces.

APPELMANN (Bernard). *Ecole hollandaise.*

Né à La Haie en 1640, mort en 1686. Sa vie est fort peu connue; cependant il fut un des meilleurs paysagistes de son temps, et a surtout excellé à représenter des vues d'Italie. Son paysage est de bon goût ainsi que les figures qu'on y voit. Ses ouvrages sont fort rares, surtout en France.

9. — Paysage, site pittoresque. Vieux château sur une montagne pyramidale; vastes ruines sur le bord d'une flaque d'eau où se désaltèrent des bœufs. Ce morceau est fort remarquable pour la composition, la couleur et l'exécution. Le ton en est chaud, la touche fine et le ciel lumineux. Hauteur, 2 pieds 1 pouce sur 2 pieds. *Signé* B. Appelmann.

ASSELYN (Jean). *Ecole hollandaise.*

Né vers 1610, il mourut à Amsterdam en 1660. Élève de Isaïe Van den Velde, peintre de bataille, il suivit la manière du Bamboche. Un long séjour en Italie, et l'étude de la nature, formèrent son goût; et, à son retour en Hollande, ses ouvrages mirent sur la bonne voie les peintres, ses compatriotes, qui jusqu'alors avaient tenu les fonds de leurs tableaux trop bleus ou trop verts. Ses ouvrages reproduisent souvent des vues d'Italie, et en particulier de la campagne de Rome. Sa touche est franche et légère; sa couleur chaude et lumineuse.

10. — Paysage pris dans la campagne de Rome : une tour, hommes et bestiaux (sur bois). Hauteur, 1 pied sur 9 pouces.

BAHUR ou FIORENTI. *Ecole flamande.*

Nous n'avons rien trouvé sur cet artiste.

11. Marchand de liqueur dans un paysage. Petit tableau touché spirituellement. Hauteur, 6 pouces sur 4.

BAKHUYSEN (Louis). *Ecole hollandaise.*

Naquit à Embden en 1631, et mourut à Amsterdam en 1709. Il s'appliqua à peindre des marines; et, curieux de se perfectionner dans son art, il s'exposa souvent, pendant les plus violentes tempêtes, dans de petites barques. Son courage et son assiduité à examiner la nature donnèrent à ses ouvrages beaucoup de vérité. On le place parmi les plus célèbres peintres hollandais.

12. — Marine au clair de lune; on carène une barque. Largeur, 2 pieds 6 pouces sur 1 pied 9 pouces.

13. — Marine. Coup de vent dans une rade; on aperçoit au loin une ville de Hollande. Pendant.

Jacques BASSAN (Jacques da Ponte dit le Bassan). *École vénitienne.*

Né à Bassano en 1510, mort en 1592, étudia la peinture sous son père François, puis se forma sur les ouvrages du Titien. Son coloris est beau, sa touche ferme, mais il imitait la nature sans choix, et ses compositions sont confuses; ayant peu de connaissances dans le dessin, il répétait souvent les mêmes attitudes et évitait de montrer les mains de ses figures. Ses quatre fils furent tous peintres et ses élèves, François et Léandre, eurent une réputation méritée. Jean-

Baptiste et Jérome ne firent que copier les ouvrages de leur père.

14. — Annonciation aux bergers. Largeur, 3 pieds 4 pouces sur 2 pieds 4 pouces.

Ce tableau a été gravé.

Léandre BASSAN (Léandre da Ponte).
Ecole vénitienne.

Fils du précédent, et le plus connu des 4.

15. — Frappement du rocher. — Des bergers abreuvent leurs moutons, d'autres recueillent de l'eau dans des vases. Largeur, 4 pieds 6 pouces sur 3 pieds.

16. — La nativité de la Sainte-Vierge, tableau surnommé l'OEuf mollet. Hauteur, 4 pieds sur 5 pieds 6 pouces.

17. — Jésus chassant du temple les vendeurs. Esquisse d'une bonne couleur. Hauteur, 1 pied 11 pouces sur 1 pied 6 pouces.

BECCAFUMI (Dominique). *Ecole florentine.*

Né près de Sienne en 1484. Mort dans la

même ville en 1549. Il était berger lorsque quelqu'un s'apercevant de son goût pour le dessin, lui donna un maître. Après cela, il alla copier à Pérouse des tableaux de grands maîtres, mais ce fut de Sodoma qu'il apprit à peindre. Son génie était facile et ses compositions heureuses.

18. — Adoration des bergers. Largeur, 2 pieds 3 pouces sur 2 pieds.

LE BENEDETTE (BENEDETTO CASTIGLIONE dit). *Ecole génoise.*

Né à Gênes en 1616, et mort à Mantoue en 1670. Ses premiers maîtres furent Genois. Mais, à l'arrivée de Van Dyck à Gênes, il se mit dans son école, où il forma son coloris. Dans son voyage en Italie, il s'arrêta principalement à Venise pour y travailler d'après les grands peintres de cette école. Il peignait bien tous les genres, mais principalement les animaux.

19. — Animaux. Sacrifice avant l'entrée dans l'Arche. Largeur, 6 pieds; hauteur, 5 pieds.

20. — Animaux. Entrée dans l'Arche. Pendant du précédent.

21. — Troupeau de chèvres et de moutons descendant un coteau. Hauteur, 1 pied 3 pouces sur 1 pied de large.

22. — Paysage. Bergers hâtant la marche d'un troupeau. Ruines. Largeur, 4 pieds sur 2 pieds.

BLANCHARD (Jacques). *Ecole française.*

Il naquit à Paris en 1600, et y mourut en 1638. Nicolas Bolery, son grand-père, et Horace Leblanc, de Lyon, furent ses premiers maîtres. Ensuite, il alla à Rome, et de là à Venise, où les ouvrages des grands coloristes de cette école le retinrent deux ans. Il y profita si bien, qu'on lui doit d'avoir introduit en France le bon goût dans le mélange des couleurs, et que les ouvrages qu'il fit à son retour lui valurent le surnom de Titien français. Son fils Gabriel soutint la réputation de son père.

23. — La Vierge, son fils et le petit

Saint-Jean. Celui-ci tient un chardonneret, que paraît désirer Jésus. Carré de 2 pieds 10 pouces de diamètre.

Ce tableau passe pour un des meilleurs de cet excellent maître.

BLANCHARD (L.-GABRIEL). *Ecole française.*

Fils et élève du précédent.

24.—Portraits des Révérends, Leseur et Jacquier, mathématiciens et astronomes à Rome.

Ce tableau est signé L.-G. Blanchard 1772. Hauteur, 3 pieds 9 pouces sur 3 pieds. Bon tableau, l'expression naturelle des personnages est frappante.

HENRI DE BLESS, plus connu sous le nom de CIVETTA (*Chouette*), parce qu'il introduisait cet oiseau dans ses paysages, né en Flandres, mais de l'Ecole vénitienne, composait dans le genre de Bassan, et avait la couleur des peintres du premier temps.

25. — Femme à traire une chèvre, chasseur portant un lièvre, trois chiens près de lui.

BLOEMAERT (ABRAHAM). *Ecole hollandaise.*

Fils de Corneille, il naquit à Gorcum en 1567, et mourut à Utrecht en 1647. Il n'étudia jamais sous un bon maître; mais se forma naturellement, et peignit bien tous les genres. Ses élèves furent Poelemburg, Gerard, Hundorst, les deux Both, Weniax.

26. — Tableau d'intérieur. Vieille femme assise et endormie; objets de ménage groupés autour d'elle. Hauteur, 1 pied 4 pouces; largeur, 2 pieds.

BOL (FERDINAND). *Ecole hollandaise.*

Naquit à Dordrecht, et fut élève de Rembrant; il mourut en 1681.

27. — Le Dentiste. Hauteur, 10 pouces sur 7. Petit tableau remarquable par sa gaîté et une touche spirituelle.

BOLOGNESE (JEAN-FRANÇOIS GRIMALDI, dit LE). *Ecole lombarde.*

Il naquit à Bologne en 1606, entra dans l'école des Carraches, et s'adonna au paysage, quoiqu'il dessinât bien la figure. Attiré à Paris par Mazarin, il fut occupé à orner le Louvre pendant trois ans. Ses sites sont bien choisis, son coloris vigoureux et frais, sa touche savante et légère; ses paysages peuvent servir de modèle à ceux qui veulent peindre ce genre. il mourut à Rome en 1680, laissant un fils nommé Alexandre, et assez bon peintre.

28. — Petit paysage rond, vue prise sur les bords de la mer. On voit un cavalier sur le 1.er plan (sur bois); 8 pouces de diamètre.

BOUDWINS (N) et (François) BAUT.
Ecole flamande.

On croit le 1.er né à Bruxelles, où d'ailleurs il est mort après y avoir vécu 40 ans, il peignait le paysage, et son ami Baut ornait de petites figures ses productions; tous deux avaient beaucoup de talent.

29. — Paysage. Moulin à eau, grandes fabriques, marchands conduisant des chevaux chargés. Largeur, 1 pied 11 pouces sur 1 pied 3 pouces. Charmant paysage animé par un grand nombre de

petites figures spirituelles et pleines de mouvement.

BOURDON (Sébastien), *Ecole française*. Né à Montpelier en 1616, mort à Paris en 1671. Après quelques études en France, il alla en Italie où il profita beaucoup par les leçons de Claude Lorrain et la vue des grands ouvrages des maîtres. Bientôt de retour en France, il se fit connaître; plus tard il passa en Suède, devint 1.er peintre de la reine Christine, et enfin, revint à Paris en 1663, pour ne plus le quitter. Le Bourdon avait un génie fécond, beaucoup de feu et sans doute trop de facilité à peindre, puisque cette facilité le détourna d'études approfondies. Aussi son dessin est-il incorrect, sa couleur brillante est souvent trop légèrement appliquée et ressemble à un lavis. On doit néanmoins le compter parmi les premiers peintres de l'école française. On compte parmi ses élèves, Guillerot, bon paysagiste, et Nicolas Loir.

30. — Martyre de Ste.-Agnès. Esquisse très-bien composée. Hauteur, 1 pied 5 pouces sur 11 pouces.

31. — Paysage orné de monuments et de ruines antiques. Personnages costumés historiquement conduisant un cheval chargé de bagages, des moutons et des chevres.

Ce tableau est gravée dans l'œuvre de Bourdon.

32. — Un ange indique un passage de l'écriture sainte à S.te-Rose de Lima (sur bois). Hauteur, 10 pouces sur 7. Tableau gracieux.

33. — Eliezer et Rebecca. Largeur, 4 pieds 4 pouces sur 3 pieds 6 pouces.

34. — Adoration des bergers. Largeur, 4 pieds 4 pouces sur 3 pieps.

Très-bons tableaux, bien composés.

35. — La femme adultère. Jésus écrivant que celui qui est sans péché lui jette la première pierre. Hauteur, 1 pied 10 pouces sur 1 pied 6 pouces.

36. — Diane délivrant Iphigénie au moment du sacrifice, esquisse terminée, bon tableau. Hauteur, 1 pied 4 pouces sur 1 pied.

BOURGUIGNON (Jacques Courtois, dit le). *École française.*

Né à St.-Hippolyte en 1621, et mort à Rome en 1676, il avait pris l'habit de jésuite.

Jean Courtois, son père, bon peintre, fut son maître. A l'âge de 15 ans, il se rendit en Italie, suivit l'armée pour dessiner les marches, campements, siéges et batailles. Son intelligence, la fréquentation des grands maîtres, le Guide et l'Albane, ainsi que les ouvrages de Jules Romain, le rendirent célèbre peintre de batailles. Ses compositions sont pleines de feu, son dessin correct, et son coloris vigoureux. Joseph Parrocel fut son élève.

37. — Champ de bataille après le combat. Bon tableau. Largeur, 2 pieds 1 pouce sur 1 pied 3.

BOSSE (Abraham). *École française.*

Né à Tours en 1610, mort en 1678.

38. — Leborgne, coleur d'affiches. — Charge (sur bois.) Hauteur, 7 pouces sur 4 et 1|2.

BREUGHEL LE VIEUX (Pierre). *École flamande.*

Né près de Breda en 1510, mort à Anvers, on ne sait précisément en quelle année. Elève de Pierre Locck Van Aelst, et de Jérome Kocck, de Bois-le-Duc. Un long séjour en Italie forma son talent; il en a souvent représenté les sites pittoresques. De retour dans son pays, il y prit ses modèles. Ses élèves sont Breughel, de Velours, son fils, et Pierre Guesche, connu par de jolis paysages. Son autre fils, Pierre Breughel dit d'Enfer, parce qu'il peignit des incendies et des scènes infernales. Etudia sous Gilles Conningsloo.

39. — Effets de neige, grande scène d'hiver, bucherons patineurs. Très-beau tableau peint avec finesse, et de la plus belle conservation. Hauteur, 2 pieds 6 pouces sur 3 pieds 8 pouces.

BREUGHEL (Abraham). *Écoles flamande et napolitaine.*

Il naquit à Anvers en 1672; on le croit fils et élève d'Ambroise Breughel.

Comme il passa une grande partie de sa vie à Naples, il fut surnommé Breughel de Naples, ou le Napolitain. Dans cette dernière ville, il ne peignit guères que des fleurs et des fruits, avec une grande supériorité.

On lui attribue :

40. Africain portant un vase de fleurs, qu'une jeune femme semble voir avec plaisir. Image du printemps. Hauteur, 5 pieds sur 3 pieds 6 pouces.

41. — Africaine coiffée d'un turban, portant une corbeille de fruits ; un enfant l'aide. Image de l'automne, pendant du précédent.

Les figures de ces deux magnifiques tableaux ne seraient point de la main de Breughel.

BRUANDET (L.). *École française.*
Il vivait encore vers la fin du siècle dernier.

42. — Vue prise dans le bois de Boulogne. Au pied d'un chêne énorme, un homme joue de la vèze, deux autres et une femme l'écoutent. Ce tableau est très-

agréable, d'un bon effet et plein de lumière (sur bois). Il est signé L. Bruandet. Les figures sont peintes par Duval. Largeur, 1 pied 9 pouces sur 1 pied 3 pouces.

BRONZINO (ANGIOLEAU). *École de Florence.*

Il naquit à Florence, vers l'an 1502, et mourut vers l'an 1571, à l'âge de 69 ans, suivant Borghini. Ce peintre est cité par la délicatesse et le fini de ses têtes. Cependant on lui reproche ses tons de chairs, souvent d'une couleur plombée ou blafarde; en général, ses ouvrages manquent de relief.

43. — Portrait d'un Maure, tête nue, ayant une petite fraise (sur étain). Hauteur, 1 pied 1 pouce sur 9 pouces. Morceau capital, qu'on peut citer comme exemple de la correction qui offre tant d'intérêt dans les ouvrages anciens (Est souvent attribué à Raphaël).

BRUSASORCI (FÉLIX RICCIO, dit le) *École vénitienne..*

Né à Vérone en 1540, mort empoisonné, dans la même ville, en 1605.

Il était fils du fameux Dominique Riccio, également surnommé Brusasorci, dont il reçut les premiers éléments de son art; mais ce fut à Florence, sous le Ligozzi, qu'il acheva son éducation. Quoique bon peintre, il eut moins de talent que son père, et a principalement excellé dans les figures de madones, de femmes, d'anges, etc. Il se plaisait à faire de petits tableaux sur des pierres qu'il colorait fort habilement, se servant de la pierre même pour faire les ombres.

44. — Intérieur d'un palais. Le sujet représenté est le reniement de Saint-Pierre (peint sur ardoises). Hauteur, 11 pouces sur 9.

BOTH (JEAN) dit Both d'Italie. *École hollandaise.*

Né à Utrecht en 1610. Le surnom de Both d'Italie lui fut donné à cause du long séjour qu'il y fit. Son père lui apprit à dessiner, et Abraham Bloemaert à peindre; en sortant de chez ce dernier il se rendit en Italie avec André

Both, son frère. Il imita la manière de Claude Lorain, si parfaitement que la réputation de ce dernier en fut diminuée, d'autant que les figures qu'André Both plaçait dans les tableaux de son frère étaient supérieures à celles de Claude. Quoique peints de la main des deux frères, leurs ouvrages paraissent sortis du même pinceau, leur pratique est facile, très-piquante par les beaux effets de lumière. Leur couleur est chaude. En 1650, André tomba dans un canal, et se noya; son frère ne put lui survivre, et mourut de chagrin, la même année, à Utrecht.

45. — La mer, d'un temps calme, à l'entrée d'un port de la Méditerranée; barques de pêcheurs, entrant et sortant. Une tour de signaux occupe le centre de ce tableau, qui est du plus bel effet, par la manière dont il est éclairé. C'est la nature même.

46. — Paysage au soleil couchant. Ruines d'un ancien château, placées sur des rochers qui vont se perdre à l'horizon. Danse de nymphes et de satyres, et, sur le devant, deux femmes qui passent un

gué avec leurs bestiaux. Largeur, 3 pieds sur 2 pieds.

BONZEL DE PARME.

L'auteur de cette notice a vu dans le musée de Bordeaux des tableaux, de la même main que le suivant, attribués à un peintre nommé Bonzel de Parme, sur le compte duquel il n'a pu rien trouver.

47. — Un chien flaire du gibier mort: geais, étourneaux, chardonnerets, etc. Largeur, 3 pieds sur 2 pieds 2.

BOEYERMANS (T). *École flamande.*

Nous n'avons rien pu trouver concernant ce maître, dont les ouvrages sont rares en France, mais non pas inconnus.

48. — Les Vœux de Saint-Louis de Gonzague. Il abandonne toutes les pompes mondaines et fait profession dans l'ordre des Jésuites. Largeur, 17 pieds 10 sur 10 pieds.

L'exécution savante de ce grand ouvrage, et la beauté du coloris, donnent une grande idée du talent de Boeyermans. Cet tableau est signé T. Boeyermans, 1671.

BREDAEL (Pierre Van). *École flamande.*

Né à Anvers en 1630, sa mort est inconnue. On suppose qu'il a passé quelque temps en Italie, par les sujets qu'il a représentés et la couleur chaude de ses tableaux. Ses ouvrages sont rares et recherchés.

49. — Un taureau, moutons et chèvres dans un paysage italien. Largeur, 2 pieds 6; hauteur, 1 pied 9.

Ce tableau, signé P. Bredael, a souvent été attribué aux plus habiles peintres italiens en ce genre. En effet, il est d'un style élevé, d'un ton chaud et vigoureux.

50. — Tableau d'intérieur. Vaches, chèvres, moutons et bergers dans une étable. Largeur, 2 pieds 6; hauteur 1 pied 9. Pendant du précédent, également peint en Italie, et méritant les mêmes éloges.

BREUGHEL (Jean) dit de Velours. *École flamande.*

Fils de Pierre Breughel, dit le Vieux. Il naquit à Bruxelles en 1575, on croit qu'il y mourut en 1642. Jean Breughel peignit d'abord des fleurs et des fruits, ensuite il s'adonna au paysage et aux marines, qu'il ornait de petites figures. Dans un voyage en Italie, ses ouvrages y plurent beaucoup. Rubens s'est souvent servi de lui pour peindre ses fonds de paysages. Van Baalen, Steenwich, et autres, lui ont fait peindre les figures et animaux qu'on voit dans leurs tableaux, et il faisait le paysage pour Rottenhamer. Ses tableaux sont d'un fini précieux et fort estimés. On reproche à ce peintre trop de bleu dans ses lointains et quelquefois de la crudité dans ses couleurs.

51. — Vue d'un canal au milieu d'une jolie campagne; on remarque plusieurs barques chargées de personnes et de chevaux (cuivre). Largeur, 11 pouces sur 9.

52. — Paysage charmant. Un cavalier, suivi de valets et de chiens, revient de la chasse et se dirige vers une auberge (cuivre). Pendant du précédent.

Ces deux jolis tableaux doivent être appréciés par tous ceux qui font cas d'une jolie composition et d'une exécution soignée.

53. — Paysage. Fourches patibulaires

54. — Vue d'un village. Des paysans tirent sur des cavaliers et fantassins en déroute. (Donnés par le conservateur).

Pendants, chacun de 7 pouces de largeur sur 5.

CALABROIS (MATHIAS PRETI, dit le).
Ecole napolitaine.

Né à Taverne en Calabre en 1613, mort à Malte en 1699. Les premiers éléments de son art lui furent enseignés à Rome par son frère Grégoire. A Bologne il étudia sous le Guerchin. Les ouvrages de Paul Veronese, du Titien et du Tintoret causèrent son admiration à Venise. Enfin Parme, Gênes, Paris, la Flandre et l'Allemagne l'attirèrent successivement; partout il profita de la vue des chefs-d'œuvre. Ses compositions sont grandes et majestueuses, son dessein correct, et son coloris vigoureux. Ses tableaux paraissent en relief, et sont d'un grand effet.

55. — Jésus guérissant les aveugles de Jéricho. Largeur, 4 pieds 8 pouces sur 3 pieds 11 pouces.

1 *

Tableau capital, un des plus précieux du musée.

56. — St.-Jérôme promettant de ne plus pécher. Hauteur, 4 pieds 4 pouces sur 3 pieds.

Ce bon tableau a beaucoup souffert.

CACAULT (Jacques). *École française.* Né à Clisson vers, 1740, il y mourut en 1808.

57. — Homme assis sur une peau de tigre. Figure académique. Hauteur, 5 pieds sur 3 pieds 6 pouces.

CALVART (Denis). *École flamande.* Né à Anvers, vers 1555. Mort à Bologne en 1619. Après avoir commencé l'étude de la peinture dans son pays, il se rendit en Italie et s'attacha à Bologne à Prosper Fontanx, peintre habile, de là il fut à Rome, où son talent fut remarqué. De retour à Bologne, son savoir lui attira un grand concours d'élèves, parmi lesquels on compte le Guide, l'Albane et le Dominiquin. Son pinceau était suave et léger, ses figures disposées sans confusion étaient d'une expression juste, mais il ne put bannir de son dessin un goût sec et gothique.

On lui attribue :

58. — La vierge couronnée, les mains jointes, considère avec respect l'enfant Jésus endormi; St.-Jean engage au silence. Tableau d'une grande naïveté, d'une expression naturelle, d'un coloris charmant. Hauteur, 2 pieds 2 pouces sur 1 pied 6 pouces.

59. — La reine des cieux et son fils. Hauteur, 1 pied 10 pouces sur 1 pied 5 pouces.

CANUTI (Dominique-Maria).

Elève du Guide, né à Bologne en 1623.

60. — St.-Roch offrant ses douleurs à Dieu, Hauteur, 3 pieds 4 sur 2 pieds 8.

La manière dont ce tableau est éclairé, la vigueur de son coloris, prouveraient que Canuti s'attachait à l'imitation du Caravage.

CANALETTO (Antonio Canale). *École vénitienne.*

Né à Venise en 1697, mort en 1768; élève de Bernardo Canale, son père.

61. — Assemblée générale des nobles vénitiens, dans la salle du grand conseil du palais Ducal. Cette assemblée était quelquefois composée de 1000 personnes. La salle a 160 pieds de longueur sur 79 pieds de largeur, elle est ornée de tableaux des plus grands maîtres de l'école vénitienne. Largeur, 3 pieds sur 2.

62. — Carnaval de Venise. Le lendemain de Noël, le carnaval commençait par un repas que le doge donnait à la haute noblesse, ce qui s'appelait traiter la seigneurie. Les étrangers de distinction étaient admis comme spectateurs, moyennant qu'ils fussent masqués. Pendant.

63. — Vue de Venise, prise sur le bord du grand canal. A droite, est l'entrée de la Piazzetta, qui conduit à la grande place de St.-Marc; la colonne monumentale supporte la statue de St.-Théodore, le bâtiment derrière est la sénatorerie; et celui d'après, la Zecca ou la Monnaie. Au

fond, à gauche, sur le grand canal, est la douane, plus loin, le grand dôme est celui de la Madonna Della Salute, magnifique église élevée en 1631 par suite du vœu que fit le sénat pendant la peste de 1630. Le petit dôme est celui de la Humilta, couvent de bénédictines. Longueur 3 pieds sur 2.

64. — Place Navone à Rome. A gauche, le palais pamphisé, ouvrage de Bramante; l'église qu'on voit ensuite est celle de Ste.-Agnès, bâtie sur les dessins du Borromini. La petite église à droite, St.-Jacques-des-Espagnols. La fontaine du milieu de la place est du cavalier Bernin; mais l'obélisque est antique. Largeur, 3 pieds sur 2.

65. — Vue de Fiatamone: un des quais à l'extrémité de la ville de Naples. Largeur, 7 pieds sur 2 pieds 4 pouces.

CANOVA, fameux sculpteur contemporain, s'amusait à peindre, et faisait grand cas de ses ouvrages.

66. — Chevalier Croisé, vu à mi-corps et tête nue. Donné par l'auteur à Cacault

aîné, ministre de France près le S.t-Siége, en 1803. Hauteur, 2 pieds 3 pouces sur 1 pied 11 pouces.

CANTARINO (Jean).

Né à Venise en 1549, mort en 1605.

62. *bis*. — Jésus présenté au peuple. Très-beau morceau de tableau sur bois. Hauteur, 16 pouces; largeur, 4 pieds.

CARAVAGE (Michel-Ange Amerighi, *surnommé* le). *Ecole lombarde.*

Né en 1569 dans le château de Caravagio, dans le Milanais, il en prit le nom. En revenant de Malte à Rome, il mourut au port d'Hercule en 1609. Sans consulter l'antique, sans avoir étudié les ouvrages des grands artistes, sans autre maître que la nature, il se forma une manière extraordinaire. Son dessin est incorrect, et ses sujets en général sont mal choisis; mais il savait tirer un parti étonnant de l'opposition tranchée des lumières et des ombres. Ignorant la perspective, il y suppléait par des fonds noirs, dont l'effet est souvent désagréable. Un nombre prodigieux d'élèves sortirent de son école ; les principaux sont Barthélemy Manfredi, Charles Saracino, de Venise; Joseph Ribera, dit l'Espagnollet; Gérard Honthorst, d'Utrecht, et Carle Loth, de Munich.

63 *bis*. — Saint Pierre délivré de prison par l'ange. Hauteur, 3 pieds 10 pouces sur 4 pieds 6 pouces ; tableau de 1.er ordre. Quoique la figure de l'ange manque de noblesse, et qu'il faille la considérer comme l'imitation d'une nature ordinaire, cet ouvrage décèle partout le grand maître.

64 *bis*. — Son portrait peint par lui-même. Il est à demi-nu, en attitude de peindre d'après nature. Portrait d'un grand caractère et d'un pinceau énergique. Hauteur, 5 pieds sur 3 pieds 6 pouces.

65 *bis*. — Apollon couronné de lauriers, demi-figure. La main s'appuie sur une lyre, il porte un carquois. Bien bon ouvrage, offrant les défauts et les qualités du maître. Hauteur, 1 pied 11 pouces sur 1 pied 5 pouces.

66 *bis*. — D'après lui, Couronnement d'é-

pines. Hauteur, 4 pieds sur 6 pieds. Copie.

67. — D'après lui, un Flûteur champêtre, demi-figure. Copie. Largeur, 3 pieds sur 2 pieds 10 pouces.

CARESME (Philippe). *Ecole française.*
Etait peintre du roi, et florissait vers la fin du siècle dernier.

68. — Sainte-Famille en miniature à l'huile (sur cuivre). Ce joli tableau rivalise, pour le caractère et l'exécution, avec ce que l'école italienne a produit de mieux dans ce genre. Caresme ne peignait pas toujours avec cette perfection. Hauteur, 9 pouces sur 6.

69. — Jupiter et Anthiope (sur bois). Hauteur, 10 pouces sur 8 pouces. Imitation d'un tableau du Corrège qu'on voit au Musée de Paris.

CARRACHE (Louis). *Ecole lombarde.*
Né à Bologne en 1555, mort dans la même ville en 1619. D'abord élève de Prospero Fontana, il se rendit à Florence, et entra chez Dominique Passignani. Plus

tard, il s'aperçut du génie qu'avait pour le dessin son cousin Annibal Carrache, et lui donna des leçons, dont ce dernier profita si bien qu'il surpassa son maître. Louis Carrache avait une imagination fertile ; savant dans le dessin, il était plus gracieux qu'Annibal.

70. — Sainte-Claire entourée d'une gloire d'Ange, et contemplant un crucifix. Largeur, 3 pieds 10 pouces; hauteur, 2 pieds 4 pouces. La tête est pleine de noblesse et d'expression ; les mains sont belles et savamment dessinées : les accessoires bien traités. C'est un des meilleurs tableaux de la collection.

CASTELLI (VALERIO). *École Génoise.* Né à Gênes en 1625, et mort dans la même ville en 1652. Après avoir étudié les dessins de son père, Bernard, il entra dans l'école de Dominique Fiasella, puis un voyage en Italie acheva de former son talent.

71. — La Vierge, l'enfant Jésus et le petit Saint-Jean. Hauteur, 3 pieds sur 2 pieds 3 pouces.

CHAMPAGNE (Philippe de). *École flamande.*

Naquit à Bruxelles en 1602, et mourut à Paris en 1693. On ne sait point qui fut son maître. Jeune, il vint à Paris et y fut occupé à peindre des paysages et des portraits. Etant retourné dans sa patrie, il y fit sans doute de nouvelles études, puisque peu d'années après on le voit revenir en France et occuper la place de premier peintre de la reine, femme de Louis XIII. A partir de ce moment, il fut chargé de grands travaux, qu'il exécuta avec le plus grand succès. Son dessin est correct, mais sans choix; sa couleur vraie, mais peu brillante; il finissait généralement avec soin.

72. — La Pentecôte. Hauteur, 5 pieds sur 3 pieds 4 pouces.

Très-bon tableau de ce maître, et un des meilleurs de la collection.

73. — Portrait d'homme vêtu de satin noir garni de dentelle; riche rabat; il porte de petites moustaches. Hauteur, 2 pieds sur 1 pieds 8 pouces. Ce portrait, peut-être le plus beau de tous ceux que possède le musée, doit être cité comme

un modèle, dans ce genre, et un ouvrage d'élite.

74. — Autre portrait d'homme, qui est incontestablement du même peintre.

75. — Portrait de femme vêtue en noir, coiffée de ses cheveux.

76. — Souper à Emaus, fond de paysage. Hauteur, 4 pieds 4 pouces sur 2 pieds 2 pouces.

Attribués à Philippe de Champagne :
77. — Communion de Saint-Louis-de-Gonzague. Jolie esquisse terminée. Hauteur, 1 pied 1 pouce, sur 1 pied 6 pouces.

78. — Anges rendant hommage à la Vierge et à l'enfant Jésus, à qui Saint-Louis-de-Gonzague baise les pieds. Esquisse. Pendant du précédent.

CHARDIN fils. *École française.*
Peignait dans le dernier siècle.

79. — Portrait d'une Napolitaine. Hauteur, 3 pieds 2 pouces sur 2 pieds 3 pouces.

CHANCOURTOIS. *École française.*
Né à Nantes, mort à Paris, au commencement du siècle.

80. — Paysage historique. Baigneuses (sur bois). Largeur, 7 pouces sur 6.

CHERON (Louis). *Peintre français.*

81. — Phocion refusant les présents d'Alexandre. Bon tableau auquel on ne peut reprocher que le mauvais choix des figures et leur costume peu historique. Largeur, 6 pieds 8 pouces sur 5 pieds 8 pouces.

Nous croyons plutôt ce tableau de Perrier (François), fils d'un orfèvre de Mâcon. Il naquit en cette ville en 1590, et mourt à Paris en 1650.

CHOMPAGNIO (CHOMPAGNIO CAIO BOLOGNIÉSI). *Ecole lombarde.*

Nous n'avons rien trouvé sur ce peintre.

82. — Saint-Agée, martyr. Il est à genoux, les yeux tournés vers le ciel et rempli de résignation. Un bourreau lui brûle la poitrine avec une torche ardente. Bon tableau *signé*, Chompagnio Caio Bologniési. Hauteur, 6 pieds sur 3 pieds.

CLOUET (*dit* JANET). *Ecole française.*

Naquit à Tours. On ignore l'époque de

sa naissance, on n'est pas plus instruit relativement à sa mort, au nom de son maître et de ses élèves. Très-jeune encore en 1547, il peignait déjà le portrait avec un grand talent. Admis d'abord à la cour de François I.er, il fit le portrait de ce monarque et des principaux de sa cour. Sa vogue se soutint sous les règnes suivants de Henri II, François II, Charles IX et Henri III. Peut-être même aussi jusqu'à la fin du règne d'Henri IV. Ce que son jeune âge en 1547 ne rend pas impossible. Ses portraits sont ordinairement d'un moyen format, finis comme de la miniature et peints sur bois de noyer. Le nombre en est immense.

83. – Portraits de femme ayant une fraise, costume noir liseré d'or, du temps de Catherine de Médicis (bois de noyer). Hauteur, 11 pouces sur 8.

84. Portrait d'une jeune femme de la cour de Henri III. Sa robe est couverte de pierreries, et ses cheveux ornés de perles (bois de noyer). Hauteur, 11 pouces sur 8.

85. – Henri IV et sa famille entourés

de courtisans, sont à table sous un baldaquin, à un rendez-vous de chasse dans la forêt de Fontainebleau. Carré de 3 pieds.

Le sujet peut faire douter que ce tableau soit de Janet qui devait être alors dans un âge très-avancé, mais il est sûrement d'un de ses imitateurs.

86. — Portrait de Diane de Poitiers, costume de cour très-riche, ayant son chiffre ƆC sur sa robe. Buste grandeur naturelle.

87. — Portrait d'une jeune personne, richement vêtue à la mode du temps d'Henri II. Hauteur, 1 pied 11 pouces sur 1 pied 6 pouces.

COLSON. *Ecole française.*

Artiste vivant.

88. — Agamemnon méprisant les sinistres prédictions de Cassandre. Hauteur, 10 pieds sur 13 pieds.

Beau tableau de l'école contemporaine et exposé au salon de 1824.

Pendant qu'Agamemnon commandait les Grecs au siége de Troyes, Egisthe, son neveu, séduisit son épouse Clytemnestre et entretint avec elle de coupables liaisons. Après la prise de Troyes, Agamemnon revint dans ses états avec Cassandre, fille de Priam, qui lui était échue en partage comme prisonnière. Celle-ci, qui avait le don de prophétie, lui prédit que Clytemnestre doit le faire assassiner par Egisthe. Cette prophétie de Cassandre eut le sort de toutes les autres, Agamemnon n'y crut pas, et fut assassiné la nuit suivante ainsi que Cassandre.

COQUES (Gonzales). *École flamande.*

Né à Anvers en 1618, sa mort est inconnue. David Ryckaert fut son maître. Après avoir essayé de tous les genres, il se fixa à celui de portrait, consulta Rubens, Van Dyck et Porbus, et parvint à une grande réputation d'habileté. Tout, dans ses ouvrages, concourt à marquer la supériorité qu'il s'était acquise; mais peut-être plus particulièrement, dans les petits portraits qu'il a faits en pied, il semble qu'il y ait mis plus d'esprit et de finesse que dans ses autres ouvrages.

89. — Un magistrat flamand et sa famille dans un salon simple et élégant. Tous les personnages sont des portraits. Tableau de 1.er ordre dans son genre. Les ouvrages de ce maître distingué sont fort rares en France, ce qui ajoute beaucoup au mérite de celui-ci. Largeur, 3 pieds 8 pouces sur 2 pieds 4 pouces.

COYPEL (Noel). *Ecole française.*

Né en 1628, à St.-Hippolyte, et mort à Paris en 1707. Poncet élève de Vouet, fut son premier maître : Charles Errard de Nantes le fit ensuite travailler aux ouvrages de peinture qu'on faisait au Louvre. En 1672, il fut nommé directeur de l'Académie de Rome. De retour à Paris, il peignit les fresques qu'on voit au-dessus du maître hôtel des Invalides. Ses deux fils Antoine et Noël-Nicolas furent ses élèves.

90. — St.-Louis à genoux devant la sainte couronne. Hauteur, 4 pieds 7 pouces sur 2 pieds 6 pouces (*donné par le gouvernement*).

CRESCENZIO (Barthélemi del). *Ecole romaine.*

Son nom de famille était Cavarozzi. On sait qu'il naquit à Viterbe, fut élève de Christophe Roncalli, et qu'il mourut jeune, en 1625.

91. — Paysage héroïque. Sacrifice à Flore. Hauteur, 1 pied 3 pouces sur 1 pied.

Très-joli tableau d'un grand effet, et bien entendu.

CRESPI (Joseph-Marie), *Surnommé l'espagnol. Ecole lombarde.*

Né à Bologne en 1665, il y mourut en 1747. Il étudia son art sous plusieurs maîtres, dont les deux plus connus sont Canuti et Cignani. Ce qui contribua le plus à ses progrès fut de copier les tableaux des grands peintres vénitiens et ceux du Baroche. Ce peintre exécutait rapidement, cependant ses très-petits tableaux sont très-finis. Ses trois fils Louis, Antoine et Ferdinand furent ses élèves, et ne peignirent guère que pour leur amusement.

92. — Plusieurs jeunes personnes et

un jeune garçon lisent et font de la dentelle sous la direction de deux vieilles femmes. Hauteur, 2 pieds 10 pouces sur 2 pieds 2 pouces.

DAVID, *flamand.*

93. — Oiseaux morts. Canards, pigeons, sarcelles, etc. Largeur, 2 pieds 6 pouces sur 1 pied 7 pouces.

DECKER (Jean). *Ecole hollandaise.*

Imitateur de Jacques Ruysdaël.

94. — Chaumières sur le bord d'un canal (sur bois). Largeur, 1 pied 3 pouces sur 11 pouces. *Signé* Decker.

Ce joli tableau, dont les figures sont d'Ostade, a souvent été pris pour un tableau de Salomon Ruysdaël. Ce qui ne doit pas étonner, puisque Decker cherchait à l'imiter et l'a souvent égalé.

DE LA FOSSE (Charles). *Ecole française.*

Né à Paris en 1640, y mourut en 1716.

Il était neveu du poëte tragique, et fut élève de Ch. Lebrun. Le roi l'envoya à Rome pour se perfectionner dans le dessin, et à Venise dans le coloris. A son retour, il exécuta un nombre prodigieux d'ouvrages, entr'autres la coupole des Invalides et la chapelle de Versailles. La réputation qu'il avait alors est maintenant bien diminuée.

95. — Déification d'Enée. Hauteur, 5 pieds 6 pouces sur 4 pieds 10 pouces.

96. — Vénus demandant des armes à Vulcain. Pendant.

97. — Jupiter, sous les traits de Diane, séduisant Calisto. Hauteur, 2 pieds 5 pouces sur 1 pied 11 pouces.

DEMARNE, peintre français contemporain.

98. — Paysage sur le bord d'un marais; des oiseaux aquatiques se baignent. Largeur, 1 pied 4 pouces sur 1 pied 1 pouce. Demarne cherchait alors la manière de Ruysdaël.

DELLA BELLA (Etienne). *Ecole florentine.*

Né à Florence en 1610, mort à Florence en 1664, élève de Canta Gallina dans le même temps que Callot.

99. — Cavalier tenant une masse d'armes. Carré de 8 pouces. On trouve ce tableau dans son œuvre gravé par lui-même.

DESMARÊTS (*Ecole française*).

Peintre du commencement du siècle dernier.

100. — Horace tuant sa sœur; largeur, 4 pieds 6 pouces sur 3 pieds 6 pouces. Ce tableau obtint à son auteur le grand prix de peinture.

Horace, vainqueur des Curiaces, marchait à la tête des Romains, chargé des triples dépouilles qu'il avait si glorieusement remportées, lorsque sa sœur, promise en mariage à l'un des Curiaces, vint à sa rencontre devant la porte Capène. Reconnaissant sur les épaules de son frère la cote d'armes dont elle avait fait présent à son futur époux, elle déchire ses vêtements, ses regards étincèlent de fureur, sa bouche lui fait les plus sanglants reproches. Le jeune vainqueur enivré de la joie publique et de son triomphe, irrité de ses reproches, la frappe de son épée : « Va, sœur dénaturée qui oublie tes frères et ta patrie : ainsi puisse périr quiconque pleurera l'ennemi de Rome. »

DIÉPENBECKE (Abraham). *École flamande.*

Né à Bois-le-Duc en 1620, mort à Anvers en 1675. Élève de Rubens, sa touche légère le distingue des autres élèves de ce grand maître. Il fit peu de grands ouvrages. Ses élèves sont inconnus.

101. — Sainte famille aux Anges. La Vierge et son fils, accompagnés de Saint-Joseph, se reposent sous un arbre ; de petits Anges se livrent à leurs jeux, et forment un concert. Largeur, 2 pieds 3 pouces sur 1 pied 10 pouces.

Dominiquin (Dominico Zampieri, dit Le). *École de Bologne.*

Naquit à Bologne en 1581, et mourut à Naples en 1641. D'abord élève de Denis Calvart, il passa après dans l'école d'Annibal Carrache, et ce n'est qu'avec peine et lenteur qu'il parvint au sublime de sont art.

102. — Copie de sa communion de Saint-Jérôme. La scène se passe dans l'église de Béthléem, où ses amis l'ont porté, suivant ses désirs, pour recevoir le viatique avant de mourir; il avait alors 90 ans. Hauteur, 4 pieds sur 2 pieds 4 pouces.

L'original se voyait au musée à Paris, avant 1815. Ce tableau faisait partie des cent articles livrés par Pie VI en conformité du traité de Tolentino; il ornait le grand autel de l'église de Saint-Jérôme de la Charité à Rome, et passait pour un des quatre plus beaux tableaux de cette ville, si fertile en chefs-d'œuvre.

On lui attribue :

103. — Saint-Janvier (demi-figure), offre son sang à Dieu. Bien bel ouvrage. Hauteur, 2 pieds 4 pouces; largeur, 2 pieds.

De son école :

104. — Saint-Jean l'Evangéliste, vu à

mi corps et tenant une plume de la main droite. Hauteur, 2 pieds 1 pouce; largeur, 1 pied 8 pouces.

Ouvrage d'une grande beauté.

Regardé comme de lui :
105. — Guirlande de fleur soutenue par des amours. Hauteurs, 4 p. sur 3 p.

DOSSO (Dossi de Ferrare.)

Né à Dosso, près Ferrare. Il florissait vers 1536, et mourut en 1560. Étudia cinq ans dans l'école de Venise après avoir reçu des leçons de Laurent Costa de Ferrare. Les ouvrages de ce peintre et de son frère Jean-Baptiste sont fort rares en France; ils passèrent leur vie entière dans leur patrie, où ils fondèrent une école renommée (celle de Ferrare).

106. — L'évangéliste Saint-Jean, composant son évangile; il est assis, tenant un livre et une plume de la main droite. Fond de campagne. Hauteur, 4 pieds; largeur, 2 pieds 6 pouces.

DOYEN,

Peintre français du siècle dernier.

107. — Têtes d'étude (bois). Hauteur, 1 pied 6 pouces sur 11 pouces.

DURER (Albert). *École allemande.*

Né à Nuremberg en 1470, il y mourut en 1528. Fondateur de l'Ecole Allemande, il était graveur, mathématicien, sculpteur, achitecte; plusieurs traités écrits par lui existent encore.

108. — Un mari et sa femme en prières, (bois). Hauteur, 10 pouces sur sept.

FETI (Dominique). *École romaine.*

Né à Rome en 1589, mort à Mantoue en 1624. Il fut élève du Civoli, mais pendant son séjour à Mantoue, les ouvrages de Jules Romain lui tracèrent la route des grands peintres, et ce fut à Venise qu'il se perfectionna dans le coloris. Sa sœur fut son élève.

109. — Ste.-Pudantienne tenant avec tristesse et respect un vase rempli de sang. Hauteur, 3 pieds sur 2 pieds 6 pouces.

On ne sait rien de Ste.-Pudantienne, ou Potantienne, sinon qu'elle fut convertie par St.-Pierre et qu'elle recueillait avec soin le sang des martyrs. On vénère à Rome un puits, où l'on dit qu'elle recueillit celui de 3,000. Ce puits se trouve dans l'église, sous son invocation.

FOUQUIÈRES (Jacques) *Ecole flamande.*

Naquit à Anvers, étudia la peinture sous Breughel de Velours. Fixé à Bruxelles jusqu'en 1621, il vint en France par l'invitation de Louis XIII, pour peindre les principales vues du royaume. Rubens ne dédaignait pas de lui faire peindre le fond de ses tableaux. Il mourut à la cour de l'électeur Palatin, en 1659. Ses disciples sont Rendu, Bellin et Champagne.

110.' — Grand paysage. Une rivière coule au milieu d'un pays accidenté. Un chemin occupe partie du 1.er plan : on y voit deux hommes conduisant des chiens de chasse. Horizon immense. Largeur, 6 pieds 1 pouce. Hauteur, 3 pieds 8 pouces. Ce tableau est signé J. Focquier f. 1620

FRAGONARD (Jean-Honoré). *Ecole française.*

Né à Grasse, en province, mort à Paris, le 22 août 1806, à 74 ans 1|2; dernier élève de Boucher, il remporta le grand prix de peinture à l'âge de 20 ans. En 1765, il fut reçu de l'académie sur le tableau de Corisus et Collirhoé En général ses ouvrages n'ont joui que d'une célébrité passagère.

111. — Portrait d'un jeune garçon. Esquisse. Hauteur, 1 pied 1 pouce sur 9 pouces.

FRANCE de Liège.

112. — Paysage. Voltaire causant avec des paysans dans les environs de Ferney. Largeur, 1 pied 1 pouce sur 11 pouces.

FRANCIA (François). *Ecole romaine.*

Il vivait du temps de Raphaël, avec lequel il était lié. Il travailla à Bologne, à Modène, à Parme, à Urbin, et mourut à Bologne en 1518.

113. — S.te-Famille. L'enfant Jésus,

tenant un oiseau, est debout sur une table et s'appuie sur sa mère (sur bois). Hauteur, 1 pied 10 pouces sur 1 pied 3 pouces.

FRANCK (FRANÇOIS, le vieux). *Ecole flamande.*

L'époque de sa naissance et celle de sa mort sont inconnues; mais on sait qu'il vit le jour à Herenstat, près d'Anvers, et qu'ainsi que ses deux frères Jérôme et Ambroise, il eut pour maître François de Vriendt, connu sous le nom de Franc Floris, lequel vivait vers le milieu du XVI.e siècle. On le croit père de François Franck, dit le jeune, et de Sébastien Franck.

114. — Jésus en croix entre les deux larrons. Hauteur, 4 pieds 2 pouces sur 3 peids.

FYT (JEAN). *Ecole flamande.*

Il était d'Anvers. Son talent particulier de peindre les animaux, les fruits et les fleurs, lui valut une grande réputation.

115. — Chiens de chasse faisant partir

un lièvre (sur bois). Largeur, 1 pied 6 pouces sur 1 pied 3 pouces.

116. — Chasse au sanglier. Pendant (sur bois). Largeur, 9 pouces sur 6 pouces.

117. — Autre *idem* *idem*.
Tous ces tableaux ont été gravés.

GAROFOLO (BÉNVENUTO TISIO *dit* LE) *École florentine.*

Né à Ferrare en 1581. Mort en 1659. Après avoir étudié sous plusieurs maîtres il se forma en voyant les ouvrages de Michel-Ange et de Raphaël, aussi remarque-t-on dans ses tableaux la correction de l'un et le style de l'autre. Il a fait beaucoup de tableaux de chevalet, où l'on peut remarquer une grande variété dans la manière de faire.

118. — Sainte-Famille dans un joli paysage (bois). Tableau charmant. Hauteur, 1 pied 5 pouces sur 1 pied.

GASPRE (GASPARD DUGHET). *École romaine.*

Né à Rome en 1613 d'un père français et

mort en 1675. Elève de Nicolas Poussin, qui était son beau-frère.

119. — Beau paysage représentant le coteau qui conduit à Riccio près d'Albano. La coupole de l'Eglise de Riccio, ouvrage de Bernin, se voit sur le sommet du coteau. Dans le vallon, près d'un piédestal surmonté d'un vase grossier, un jeune homme costumé d'une manière historique, se lave les pieds dans un étang. Bergers, moutons, laveuses. Composition charmante ou plutôt portrait exact de l'endroit représenté. L'exécution ne laisse rien à désirer. Cet ouvrage est digne de l'excellent maître auquel il est attribué. Largeur, 2 pieds 11 pouces sur 2 pieds 2 pouces.

120. — Paysage. Pêcheurs à la ligne. Au fond une tour carrée, grand massif d'arbres. Hauteur, 1 pied 11 pouces sur 1 pied 6 pouces. Croquis.

GAUTIER. (*Ecole française*). XVIII.ᵉ siècle.

121. — Marine. Vue d'une rade au lever du soleil, par un temps de brouillard (sur bois). Largeur, 1 pied 9 pouces sur 1 pied 3 pouces.

GIORDANO (Lucas). *Ecole napolitaine.*

Né à Naples en 1632. Mort dans la même ville en 1705. Sept ans passés dans l'école de Joseph Ribera le mirent dans le cas, quoique fort jeune, de produire des ouvrages remarquables. Il parcourut ensuite l'Italie et suivit alternativement la manière de Pietre de Cortone et celle de Paul Véronèse. Cette vie active et laborieuse lui donna une facilité surprenante, aucun peintre n'a autant produit. Son père, qui tirait un fort grand parti du moindre dessin, lui disait sans cesse *Luca fa presto*, « Lucas, fais vîte, » et le surnom lui en resta. Il est principalement cité pour la couleur et l'invention. Ses élèves furent nombreux.

122. — Saint-Dominique s'élevant au-dessus des passions humaines. Tableau allégorique de son meilleur temps. Hauteur, 7 pieds ; largeur, 5 pieds 6 pouces.

GIORGION (Giorgio Barbarelli). *Ecole vénitienne.*

Né à Castel Franco en 1478, mort à Venise en 1511. Jean Bellin fut son maître, et les ouvrages de Léonard de Vinci lui apprirent à bien peindre. Ce fut lui qui, le premier, donna l'exemple de cette force et de cette fraîcheur de coloris qui distingue particulièrement l'école de Venise. Dessinateur médiocre, il a su le faire oublier par une grande vérité dans ses ouvrages; une entente parfaite du clair-obscur et une fraîcheur dans ses carnations qui donnent un relief étonnant à ses figures. Ajoutons à son éloge qu'il fut le maître du Titien et de Sébastien del Piombo.

123. — Portrait d'un ecclésiastique, ayant la main à hauteur de l'estomac. Hauteur, 1 pied 9 pouces sur 1 pied 5 pouces.

124. — Saint-Sébastien tenant une flèche, demi-figure. Hauteur, 1 pied 6 pouces sur 1 pied 3 pouces.

On lui attribue :

125. — Caïn après son crime. Demi-figure de la plus belle couleur. Hauteur, 2 pieds 10 pouces sur 2 pieds 3 pouces.

GLAUBER (Jean). *École hollandaise.*

Né à Utrecht en 1646, il mourut en 1726. Elève de Nicolas Berghem, il se dégoûta de ce maître, après avoir vu des paysages italiens chez un marchand de tableaux. Dès lors il se décida à voyager, ce qu'il exécuta quand il eut copié plusieurs tableaux de son goût. Un an à Paris, deux à Lyon, autant à Rome, et un long séjour à Padoue et à Venise, toujours en imitant la nature, le firent parvenir à composer le paysage aussi bien que les plus célèbres dans ce genre. Ses tableaux représentent de beaux sites d'Italie ou des Alpes ; ses lignes sont heureuses, sa couleur est vraie, et ses tons chauds. En passant à Amsterdam il demeura chez Gerard de Lairesse, et se lia avec lui ; depuis lors, tous ses paysages furent enrichies de figures par ce dernier.

126. — Alexandre visitant le tombeau de Darius. Largeur, 3 pieds 5 pouces sur 2 pieds 6 pouces. Paysage supérieurement composé.

127 — Paysages. Joueur de mandoline,

femmes et enfants. Largeur, 1 pied 6 pouces sur 1 pied 3 pouces. On croit que les fabriques du fond représentent la demeure qu'occupait Raphaël

128. — Beau paysage, site d'Italie, bel effet de soleil masqué par une masse d'arbres, ce tableau est dans sa grande manière d'Italie ; sur le devant, bergers, figures par G. de Lairesse, aussi belles que celles du Poussin.

GRIFF. Ce peintre, dont on parle peu, avait cependant un grand talent. Ses ouvrages représentent ordinairement du gibier mort sur le bord d'une forêt.

129. — Cavaliers débouchant d'un chemin creux. Hauteur, 1 pied 8 pouces sur 1 pieds 5 pouces.

GRIMOUX (*Ecole française*).
Ce fut en copiant des tableaux de Wandick et de Rembrandt qu'il parvint à se faire une manière particulière qui lui valut une grande réputation. C'est dans le portrait qu'il s'est distingué. Sa couleur est belle et vraie, son pinceau fin et léger.

130.—Portrait d'un bourguemestre copié d'après celui fait par Rembrandt qui faisait autrefois partie de la galerie du duc d'Orléans. Hauteur, 1 pied 5 pouces sur 1 pied 2 pouces. Cette copie est fort belle.

GUERCHIN (Jean François Barbicri, *dit* le). *École lombarde.*

Né à Cento, près Bologne, en 1590; mort à Bologne en 1666. Il se forma d'abord dans l'école des Carraches et, après avoir essayé d'imiter le Guide et l'Albane, il finit par adopter la manière du Caravage. Il peignait au premier coup; aussi peu de peintres ont autant produit. Il regardait le coloris comme la partie principale de son art. Ses figures ont un relief étonnant, il prenait sa lumière d'en haut pour obtenir de grandes masses d'ombres. On lui reproche un dessin incorrect. Ses meilleurs élèves furent le Calabrois et Lucas Scaramouche.

131. — Joseph, vendu par ses frères. Beau tableau en mauvais état. Hauteur, 3 pieds 8 pouces sur 5 pieds 4 pouces.

132. — Saint-Pierre repentant. Morceau capital. La figure du saint est remplie de vie et d'expression. Hauteur, 3 pieds sur 2 pieds 2 pouces.

133. — (De son école), Sainte-Famille. Hauteur, 3 pieds sur 2 pieds.

GUIDO (René *dit* le Guide). *École lombarde.*

Né à Bologne en 1575, mort dans la même ville en 1641. Denis Calvart, bon peintre, fut son premier maître; il passa ensuite dans l'école de Louis Carrache. La manière du Caravage lui plut quelque temps; il la quitta pour une plus noble, plus agréable. Pour la correction du dessin et la noblesse de l'expression, les têtes du Guide peuvent être comparées à celles de Raphaël. Son coloris est frais, ses teintes transparentes, sa touche fine et légère; les extrémités de ses figures, délicates et bien terminées, font reconnaître ses ouvrages.

134. — Saint-Jean-Baptiste caressant l'agneau sans tache. Hauteur, 4 pieds 9

pouces; largeur, 3 pieds 5 pouces. Ce tableau est gravé.

On ne peut se dispenser de louer un si bel ouvrage (Donné par le gouvernement).

135. — Tête du Christ, couronnée d'épines. Répétition ou bonne copie du tableau qu'on voit au musée de Paris. Hauteur, 1 pied 10 pouces sur 1 pied 4 pouces.

136. — Saint-François-d'Assise, les yeux vers le ciel, semble prier Dieu de l'appeler à lui. Fond de paysage agreste, excellent tableau. Hauteur, 2 pieds sur 1 pied 8 pouces. On voit, au musée de Paris, le même saint, dans la même position, mais en pied, aussi de la main du Guide.

137. — Mater Dolorosa. Copie. Hauteur, 2 pieds 2 pouces sur 1 pied 1 pouce.

138. — Saint-Sébastien. Copie d'un tableau du musée de Paris. Hauteur, 3 pieds 5 pouces, sur 2 pieds 7 pouces.

De son école :

139. — Ecce Homo, demi-figure, d'une expression naturelle. Largeur, 2 pieds 10 pouces sur 3 pieds 5 pouces.

HELMBRECKER (Théodore).

Né à Harlem en 1624, mort à Rome en 1694. Elève de Grebber, son compatriote. Il forma d'ailleurs son talent en Italie, où il passa presque toute sa vie, ce qui lui a fait donner un caractère particulier à ses ouvrages, qu'on croirait sortis d'un pinceau italien. Les tableaux de ce maître sont fort rares et très-recherchés; on n'en trouve guère que dans les cabinets les plus distingués.

140. — Des buveurs, à la porte d'une chaumière, semblent inviter une marchande d'œufs à les imiter; un paysan, tenant une mandoline, cherche à la retenir par ses accords. Largeur, 2 pieds; hauteur, 1 pied 6 pouces.

141. — Paysan et paysanne, de la campagne de Rome, dansant le saltarello; on voit une fileuse, à gauche. Pendant.

142. — Même sujet, avec quelques différences. Hauteur, 1 pied 4 pouces sur 1 pied. Ces tableaux sont signés F. Helmbrecker.

HERMANN, d'Allemagne.

Ce peintre n'est point connu.

143. — Tableau de nature morte. Gibier, gigot, dinde piquée, choux-fleurs, etc. Ce tableau, imitation parfaite de la nature, est signé, en toutes lettres, Hermann. Largeur, 4 pieds 8 pouces sur 4 pieds 4 pouces.

HOLBEEN le jeune (JEAN). *École Allemande.*

Né à Bâle, en Suisse, en 1498, mort à Londres en 1554. Son père Jean, bon peintre de portraits, fut son maître. Il n'alla jamais en Italie; et, sans secours, par son génie naturel, il se plaça au premier rang, quoique peignant de la main gauche.

On lui attribue :

144. — Saint-Jérôme méditant sur les vanités du monde avant de quitter la pourpre romaine. Largeur, 3 pieds 3 pouces sur 2 pieds 8 pouces (sur bois).

La tête est du plus beau fini.

HONTHORST (Gérard), surnommé Ghérardo Delle Notti. *École hollandaise.*

Naquit à Utrecht en 1592. Il peignait encore en 1672, mais le temps de sa mort est inconnu. Après avoir étudié son art sous Abraham Bloemart, il se rendit à Rome, où il donna la préférence à la manière du Caravage. C'est dans son école qu'il parvint à exceller dans les sujets de nuit, éclairés au flambeau.

145. — Reniement de Saint-Pierre. Tableau capital. La servante de Pilate accuse Saint-Pierre; deux soldats le menacent de leur hallebarde, quoiqu'il affirme de n'être point de la suite de Jésus. Largeur, 4 pieds 6 pouces; Hauteur, 3 pieds 10 pouces.

DE HOOGE (Pierre).

On ne sait le lieu de sa naissance ni celui de sa mort. Élève de Berghem, et après imitateur de Metzu et Mieris; le faire de ses tableaux est d'une grande facilité, moins fini que ses maîtres.

146. — La leçon de chant. Hauteur,

17 pouces sur 17 pouces de largeur, sur bois.

Ce tableau est signé P. H.

HUE (J.-F.). *Ecole française.* XVIII.ᵉ siècle.

Né à Versailles, élève de Joseph Vernet, membre de l'ancienne Académie de peinture.

147. — Vue d'une cascade sous un berceau de rochers. Personnages. Ce tableau d'un coloris chaud a souvent été attribué à Lantara ; il est signé Hue. Largeur, 1 pied 4 pouces sur 1 pied 1 pouce.

HUET (C) père. *Ecole française.*

Né à Paris, il vivait dans le siècle dernier. On connaît un autre Huet né à Paris en 1745, qui fut peintre du roi ; il pourrait être fils de celui-ci.

148. — Un chien en arrêt sur des perdrix. Largeur, 2 pieds 5 pouces sur 1 pied 11 pouces.

Ce bon tableau de genre était attribué à Desportes ; mais il est signé C. Huet. 1740.

JEAN DE UDINE (Jean Nanni). *Ecole vénitienne.*

Né à Udine, capitale du Frioul en 1494, mort à Rome en 1564. Son premier maître fut Giorgion, ensuite il vint à Rome, dans l'école de Raphaël, où il s'attacha à peindre les animaux, les fruits, les fleurs, les ornements; sa manière est grande. Ses ouvrages, quoique d'un genre inférieur à l'histoire, méritent la plus grande estime.

149. Singe, dindons, poules, perroquet, etc. Largeur, 4 pieds 9 pouces; hauteur, 3 pieds.

Ce tableau est digne de l'habile homme à qui Raphaël confia l'exécution de la plus grande partie des ornements de la galerie du Vatican.

KALF (Guillaume). *Ecole hollandaise.*

Né à Amsterdam en 1630, où il mourut en 1693. Il était élève d'Henri Pot, peintre d'histoire et de portraits; mais, par goût, il s'attacha à peindre les objets inanimés et quelques tableaux d'intérieur avec un véritable talent et d'une manière originale.

150. — Le camouflet, tableau d'intérieur extrêmement remarquable par la couleur et l'expression des personnages. Sur bois et de forme ovale. Largeur, 1 pied 6 pouces sur 1 pied 2 pouces.

Avant 1815, on voyait au Musée de Paris une répétition de ce tableau, mais de forme octogone.

KRAYER ou CRAYER (Gaspari). *Ecole flamande.*

Né à Anvers en 1582, mort à Gand en 1669. — Elève de Raphaël Coxis, il surpassa son maître en peu de temps, s'étant fait une loi de l'imitation de la nature. Ses ouvrages sont remarquables par la beauté du coloris et l'expression de ses personnages. Dans une visite que lui fit Rubens, il lui dit: Krayer, personne ne vous surpassera. Van Dick peignit son portrait et le plaça dans la collection qu'il avait faite des grands hommes de son siècle. Jean Van Cleef fut son élève.

151 - Education de la Vierge, Hauteur, 8 pieds sur 5 pieds 6 pouces. Ce bel ouvrage d'un grand coloriste, est un des plus précieux de la collection.

LA HIRE (Laurent de) *Ecole française.*

Né à Paris en 1606, il y mourut en 1656. Son père Étienne de la Hire fut son premier maître, ensuite il entra dans l'école de Vouet, où il devint habile en peu de temps. Sa manière de peindre est fine et légère, ses compositions sages et bien entendues. Son imagination féconde, le rendait propre à tous les genres; cependant il s'est particulièrement distingué dans le paysage. Philippe, l'aîné de ses enfants, fut son élève.

152. — Ste.-Famille en repos sur des ruines. Beau Tableau, reconnu un des meilleurs de ce maître; il a été gravé plusieurs fois. Hauteur, 7 pieds 6 pouces sur 5 pieds. Il est signé L. La Hire in et f 1641 (donné par le gouvernement).

153. — Repos de la S.te-Famille, près d'une fontaine, non loin d'un rocher orné de fabriques. Largeur, 13 pouces. Hauteur, 17.

LAMBRETCH (Van Oort). *Ecole flamande.*

Né à Amersfort en 1520. En 1547 il fut

admis dans le corps des peintres d'Anvers. Il était bon peintre et architecte.

154. — Une cuisinière et deux autres personnages. Tableau d'intérieur. Hauteur, 1 pied sur 10 pouces.

LANCRET (Nicolas). *Ecole française.*

Né à Paris en 1690, il y mourut en 1745. Il étudia successivement sous Pierre d'Ulin, Gillot, et enfin, sous Wateau, dont il imita la manière. Il s'est distingué par des compositions variées, des groupes formés de figures gracieuses; la légèreté de son pinceau était surprenante, et son exécution soignée. Il n'a point laissé d'élèves.

155. — Scène de carnaval. Au milieu d'une assemblée presque entièrement travestie, un homme et une femme dansent au son de la vielle et du violon. Largeur, 2 pieds 6 pouces sur 2 pieds.

156. — Une jolie femme arrive dans une voiture traînée par des chiens, elle est reçue par une société joyeuse, réunie à la porte d'une auberge de village. Pendant de l'autre. On se saurait peindre plus

agréablement. Wateau lui-même n'aurait pas montré plus de finesse d'exécution.

157. — Portrait de la Camargo, célèbre danseuse de l'opéra. Largeur, 1 pied 7 pouces sur 1 pied 4 pouces (Vers 1750). Ce tableau a été gravé.

LANGEVIN. *Ecole française.*

Il vivait dans le siècle dernier, nous n'en savons pas davantage sur son compte.

158 et 159. — Deux petites marines (sur bois), faisant pendant. Largeur, 7 pouces sur 4.

LE BRUN (Charles). *École française.*

Né à Paris en 1619, il y mourut en 1690. Elève de Simon Vouet, et ensuite, à Rome, du Poussin, pendant six ans; il sut l'imiter à s'y méprendre. Sa manière rapproche de celle des Carrache, mais on pourrait désirer qu'il eût fait un plus long séjour à Venise, pour donner à son coloris plus de fraîcheur et de vérité.

On lui attribue :

160. — Héliodore chassé du Temple. Copie d'après Raphaël.

161. — La messe de Bolzen. Copie d'après Raphaël.

Tous deux d'après des fresques du Vatican.

LÉONARD DE VINCI. *École florentine.*

Né en 1445, dans la château de Vinci, auprès de Florence, et mort à Fontainebleau en 1520, dans les bras de François Ier. Son premier maître fut André Verrochio; ses élèves sont nombreux, mais peu connus en France. Léonard réunissait à son talent supérieur en peinture, de vastes connaissances en mathématiques et en hydraulique. Son livre de préceptes sur la peinture prouve celles qu'il avait dans la perspective : il était aussi architecte et sculpteur.

162. — Jésus portant sa croix et maltraité par ses bourreaux (peint sur bois et non terminé). Ce tableau offre des parties

admirables. Largeur, 2 pieds 10 pouces sur 2 pieds.

163. — La Vierge aux Rochers. Copie du tableau du Musée Royal. Hauteur, 5 pieds; largeur, 3 pieds.

164. — Le même sujet. Belle copie, qu'on peut voir avec plaisir, même après l'original. Hauteur, 5 pieds; largeur, 4 pieds.

École de Vinci:

165. — Tête de Christ, forme ovale Hauteur, 15 pouces 6 lignes sur 11 pouces.

L'ESPAGNOLET (Joseph Ribera *dit*).
Ecole espagnole.

Né dans le royaume de Valence en 1589. Mort à Naples en 1649. S'étant rendu fort jeune en Italie, il étudia sous Michel-Ange de Caravage et devint fort habile; plus tard il changea de manière et prit celle du Corrège, qu'il abandonna pour reprendre sa première manière. Son génie naturel le portait à représenter les sujets terribles. Lucas Giordano est le plus connu de ses élèves.

166. — Jésus disputant avec les docteurs. Largeur, 4 pieds sur 3 pieds 6 pouces. Le peintre ne pouvait faire un plus mauvais choix de têtes, toutes sont ignobles et ne conviennent point au sujet; mais, sous le rapport de la vérité de l'expression, de la vigueur du coloris, ce beau tableau ne laisse rien à désirer.

On lui attribue :

167. — Martyr de Saint-Barthelemy, morceau remarquable. Ribera a souvent répété ce sujet. Hauteur, 5 pieds 3 pouces sur 3 pieds 8 pouces.

LE SUEUR (Eustache). *Ecole française.*

Né à Paris en 1617. Mort à Paris en 1655. Il fut élève de Simon Vouet, ne vit jamais l'Italie ni les chefs-d'œuvre de l'antiquité, et cependant parvint par son seul génie au sublime de son art. Sa vie fut trop courte, et cependant le nombre de ses ouvrages est immense; citons au premier rang la vie de Saint-Bruno et Saint-Paul à Ephèse, qu'on voit au Musée de Paris. Il réunissait toutes les qualités d'un grand peintre, à l'exception du coloris qu'on trouve faible.

168. — Le lever de l'Aurore. Les zéphyrs la précèdent, chassent les ombres de la nuit et répandent la rosée. Esquisse gracieuse d'un plafond qu'il exécuta en grand dans une maison de l'Ile Saint-Louis à Paris. Forme ovale. Largeur, 1 pied 4 pouces sur 1 pied 1 pouce.

169. — Narcisse se mirant dans une fontaine. Au second plan, on voit deux nymphes se moquant de lui, et l'amour qui s'envole. Joli tableau, plein de suavité.

LICHERIE (Louis).

Né à Houdan en Normandie. Mort en 1687.
Elève distingué de Charles Lebrun.

170. — Ravissement de Saint-Joseph. La ville qu'on aperçoit au-dessous est Paris. C'est un portrait fort exact d'une partie de la capitale. La butte à gauche est celle de Montmartre. Hauteur, 7 pieds 3 pouces, largeur, 5 pieds.

Ce tableau, d'un dessin excellent, d'un coloris flatteur, et d'un fini précieux, a passé long-temps pour être de Lebrun. Il est de Licherie, et signé en toutes lettres.

LOTTO (Lorenzo). De Bergame, vivait en 1554. Mort à Lorette dans un âge avancé. Elève de Jean Bellin. *Ecole vénitienne.*

171. La femme adultère amenée devant Jésus. Hauteur, 3 pieds 3 pouces, sur 4 pieds 3 pouces.

Répétition d'un tableau qu'on voit au musée de Paris.

CLAUDE LORRAIN (Claude-Gelée dit le Lorrain ou Claude Lorrain). *Ecole française.*

Né en 1600 au château de Chamagne, près de Toul, mort à Rome en 1682. Etant né sans facilité pour apprendre, il se développa lentement; peu studieux, il ne s'occupa que de l'imitation de la nature, et parcourut toute l'Italie; les ouvrages des grands maîtres fortifièrent son goût. Aucun peintre n'a été plus vrai et plus frais dans ses teintes, et personne n'a mieux entendu la dégradation des tons et la perspective aérienne. Mauvais dessinateur, parce qu'il n'avait point étudié, il faisait mal les figures, il les faisait souvent peindre par P. Lauri, le Bourguignon, et aussi par Jean Miel. Son meilleur élève est Hermann Swanevelt, surnommé Hermann d'Italie.

On lui attribue:

172. — Marine. Vue d'un port au soleil couchant, une tour carrée se voit, à droite, sur le devant. Joli tableau brillant de lumière et frappant de vérité, quoique peint au 1.er coup. Hauteur, 1 pied 5 pouces sur 1 pied 11 pouces. Ce tableau, pour l'effet, tient à Claude ; pour le faire, à Salvator. Aussi le lui attribue-t-on quelquefois.

LUCAS. *Ecole française.*

Peintre du siècle dernier, dont nous ne connaissons point la vie, mais qui sans doute était élève de Boucher.

173. — L'été.

174. — L'automne.

175. — L'hiver.

176 -- Le printems.

Tous d'égale dimension. Largeur, 2 pieds sur 1 pied 1 pouces.

LOUTHERBOURG (Philippe-Jacques).
Né à Strasbourg, reçu à l'Académie royale en 1763, est mort à Londres.

177. Un berger appuyé sur un âne, moutons auprès d'un rocher (ovale). Hauteur, 1 pied 6 pouces sur 1 pied 2 pouces.

LUTTI (Benedetto). *Ecole florentine.*
Né à Florence en 1666, mort à Rome en 1724, élève de Galbiané, il s'attachait principalement à la couleur, son dessin n'était pas très-correct, mais il régnait dans ses compositions un accord harmonieux. Jean-Baptiste Vanloo fut son élève.

178. -- Trois têtes de saints. Ebauche d'un grand mérite (sur carton). Largeur, 8 pouces sur 6.

MALTAIS (le). *Ecole napolitaine.*
Vivait vers le milieu du XVIIe siècle. Feli-

bien le cite en même temps que Fioravente pour la perfection avec laquelle il représentait les tapis, les instruments de musique, les vases, etc.

179.—Armures anciennes, vases posés sur un riche tapis de Turquie. Largeur, 2 pieds 10 pouces sur 2 pieds.

180.—Vases, guitare, arras, fruits sur un riche tapis rouge. Pendant de l'autre, mais moins beau.

181.—Deux soldats jouant aux cartes sur un tambour. Riches armures, tapis de Turquie, coussins, etc. Largeur, 1 pied 11 pouces sur 1 pied 5 pouces.

182 — Une maîtresse d'école fait lire et broder de petites filles. Riches tapis, etc. Pendant du précédent.

MANFREDI (Barthélemi). *Ecole lombarde.*

Né à Mantoue, mort à Rome en 1650. Après ses premières études, il entra dans l'école du Caravage, où il devint un second lui-même. On lui accorde cependant plus de goût et un meilleur choix de figures. Malheureusement, il mourut à la fleur de son âge.

183. — Judith, après avoir coupé la tête d'Holopherne, aperçoit le soleil levant, et cherche le moyen de retourner à Béthulie. Hauteur, 2 pieds 5 pouces sur 2 pieds. Ouvrage d'un grand effet et d'une bonne couleur.

CARLE MARATTI (*Ecole romaine*).

Né à Camerano, dans la Marche d'Ancône en 1625, mort aveugle en 1713. Elève d'André Sacchi, dans l'école duquel il resta 19 ans, il parvint, en copiant les ouvrages des plus grands maîtres, à acquérir un talent très-distingué. On remarque principalement ses vierges et ses anges, qu'il a su rendre d'une manière à la fois noble et gracieuse. Ses élèves furent nombreux.

184. — La Vierge et l'enfant Jésus assis sur ses genoux, et donnant la bénédiction. Hauteur, 4 pieds 6 pouces ; largeur, 3 pieds 3 pouces.

185. — Tête de Saint-Etienne (Etude). Hauteur, 2 pieds ; largeur, 1 pied 8 pouces.

186. — Quatre têtes d'études pour son tableau qu'on voit dans l'église de Sainte-Croix-de-Jérusalem à Rome. Largeur, 2 pieds 10 pouces sur 1 pied 5 pouces. Carle Maratti n'a jamais mieux fait; cette étude est d'une excellente exécution.

MARIO DES FLEURS (Mario Nuzzi, dit). *Ecole napolitaine.*

Né à Penna en 1603, mort à Rome en 1673. Elève de son oncle Salini. De son temps, ses ouvrages furent très-recherchés; mais, peu d'années après, ils perdirent leur fraîcheur, et prirent un ton sombre et terne. Son talent pour peindre les fleurs lui valut son surnom.

187. — Vase de cristal rempli d'œillets, posé sur des livres; écritoire, horloge de sable. Hauteur, 1 pied 9 pouces sur 1 pied 5 pouces.

188. — Vase de cristal rempli de fleurs variées, posé sur des livres; tête de mort, une chandelle éteinte et fumant encore. Pendant.

Le peintre a voulu exprimer une pensée philosophique.

MARTIN l'aîné (*Ecole française*).

Elève de Vandermeulen, né à Paris en 1659, où il mourut en 1735.

189. — Vue de St-Cloud (du temps de Louis XIV) de la rive opposée. Largeur, 10 pieds 4 pouces; hauteur, 5 pieds 8 pouces.

Les figures de ce tableau sont très-finement touchées; elles pourraient être de Vandermeulen.

MARYN (Krytz schmitz). *Ecole allemande.*

Vivait vers le milieu du XVI.ᵉ siècle.

190. — Avare pesant son or; sa femme, jeune et jolie, le regarde faire (sur bois). Largeur, 3 pieds 5 pouces sur 2 pieds 4 pouces.

Ce tableau, précieux par son beau fini et sa conservation, est signé en caractères allemands, *Krytz Schmitz Maryn in et fecit. A* 1538.

MATHER (T). *Ecole allemande.*

191. — Animaux morts. Poule, per-

drix, lièvre et canards. Largeur, 2 pieds 6 pouces sur 2 pieds.

192. — Poissons morts : carpe, barbots, targie, lubines, tranche de saumon et chaudron. Pendant du précédent. Ces deux tableaux sont signés Mather *fecit* 1671. Dans leur genre, ils sont fort remarquables par leur imitation parfaite de la nature.

MATTIOLI (Louis). *Ecole napolitaine.*

Né en 1662, mort en 1741.

193. — Paysage. Pont, obélisque en ruines. Rond de 8 pouces de diamètre.

MAUPERCHE.

194. — Paysage. Vue d'une jolie campagne arrosée par une rivière, et dont on voit une partie par l'ouverture d'une roche percée. Hauteur, 7 pouces sur 13 pouces 6 lignes.

MICHAU (Theobald). *Ecole flamande.*

Né à Tournay en 1676, travailla à Anvers et à Bruxelles.

195. — Paysage. On voit une femme montée sur un cheval blanc, et suivie d'un homme et d'une femme. Autres personnages, etc., (sur cuivre). Hauteur, 9 pouces sur 6.

196. — Paysage. Un homme suivi d'un chien. Autres personnages. (Sur cuivre.) Pendant du précédent.

Ces deux jolis tableaux sont des meilleurs de ce maître.

197. — Petite marine. Marchands de poissons.

198. — Autre. Marchands attendant l'arrivée des pêcheurs.

199. — Paysage. Bergers et animaux.

200. — Autre. Joueurs de cartes à la porte d'une chaumière.

4 jolis tableaux peints sur cuivre. Largeur, 6 pouces sur 5.

MICHEL (PIERRE-FRANÇOIS). *Ecole française.*

Imitateur de Salomon Ruysdael.

201. — Paysage. Animaux allant à l'abreuvoir, chariot attelé de 4 chevaux,

etc. (Bois.) Largeur, 1 pied 9 pouces sur 1 pied 3 pouces. Les figures sont de Taunay.

MICHEL-ANGE DES BATAILLES.
(*Ecole romaine.*)

Michel-Ange Cercozzi, né à Rome en 1602, mort en 1660. Il fut surnommé Michel-Ange des Batailles et des Bambochades, à cause de sa supériorité dans ces genres. Il avait l'art de donner un ridicule si plaisant à ses figures, qu'on ne pouvait s'empêcher de rire en les regardant.

202. — Le chat emmailloté, scène de carnaval rendue avec une verve et une gaîté étonnante. Hauteur, 2 pieds 10 pouces sur 3 pieds 6 pouces.

203. — Voleurs de bestiaux. Deux cavaliers arrivent au galop et paraissent effrayés. Largeur, 2 pieds sur 1 pied 6 pouces.

MIERIS (Guillaume Van), le jeune. *Ecole hollandaise.*

Né en 1662 et mort en 1747. Élève et le

plus jeune des deux fils de François Mieris.

204. — Pygmalion et sa statue, scène de nuit rendue avec un grand talent (sur bois). Largeur, 9 pouces sur 8.

MIGNARD (Pierre). *Ecole française.*

Né à Troyes en 1610, mort à Paris en 1695.

Un peintre obscur fut son premier maître; puis il passa deux ans à Fontainebleau à copier, dans le palais, les chefs-d'œuvres des arts, après quoi il entra dans l'école de Vouet. 22 ans de séjour en Italie perfectionnèrent son talent en peinture. Quoiqu'il ait peint l'histoire, c'est principalement en peignant le portrait qu'il s'est fait un nom. A force de terminer ses ouvrages il devenait froid; son dessin manquait de correction; mais l'ordonnance de ses compositions est assez heureuse; il était bon coloriste. Le meilleur de ses grands ouvrages est la coupole du Val de Grâce, peinte à fresque. Sarlay est son seul élève.

205. — Armide et Renaud, nymphes et amours. Largeur, 3 pieds 10 pouces; Hauteur, 3 pieds.

206. — Portrait à mi-corps d'Anne d'Autriche, femme de Louis XIII, et mère de Louis XIV. Hauteur, 1 pied 11 pouces sur 1 pied 4 pouces.
Répétition d'un portrait entier d'Anne d'Autriche, fait pour la cour. Celui ci est fort beau.

207. — Portrait du cardinal Mazarin. Hauteur, 1 pied 10 pouces sur 1 pied 4 pouces. Copie.

MOLA (Pier Francesco).

Né dans le diocèse de Côme en 1612, mourut à Rome en 1668. Chercha à imiter l'Albane et le Guerchin, excella dans le paysage.

208. — Grand paysage. Au centre du tableau on remarque une tour auprès d'un village et non loin d'un pont. Beau site, horizon immense, couleur chaude, lumière habilement répandue. Hauteur, 3 pieds 6 pouces; largeur, 5 pieds.

MONNOYER (Jean-Baptiste), nommé communément Baptiste. *Ecole française.*

Né à Lille en 1635, mort à Londres en 1699; il s'adonna à peindre les fleurs d'après nature, et répandait dans ses ouvrages une fraîcheur et une vérité parfaites. Antoine, un de ses fils, fut son élève.

209. — Pivoines, belles de nuit et autres fleurs dans un vase doré posé sur un cippe. Hauteur, 2 pieds 9 pouces sur 2 pieds 2 pouces.

Attribué à Baptiste :

210. — Le Christ, jeune homme, demi-figure dans un médaillon de fleurs. Hauteur, 3 pieds 5 pouces sur 3 pieds.

MONPER (Josse). *Ecole flamande.*

Naquit en Flandre en 1580. Le lieu et le temps de sa mort sont ignorés. Ses ouvrages produisent un grand effet par leur dégradation et par la légèreté avec laquelle ils sont touchés. Les sites qu'il a peints offrent une étendue admirable ; il les faisait orner de figures par Breughel ou Teniers ; mais on lui reproche de n'avoir point assez terminé ses ouvrages. Jacques Fouquières est le seul de ses élèves qui se soit distingué.

211. — Paysage. Fond de montagnes. (Sur bois.) Largeur, 2 pieds 4 pouces sur 1 pied 7 pouces.

212. — Paysage. Fond de plaines. Sur le premier plan trois chariots avec personnages. Pendant du précédent. Les figures sont de Breughel.

MANGLARD (Adrien).

Né à Lyon en 1696 et mort à Rome en 1760. On ne connaît point son maître, mais il eut pour élève le célèbre Joseph Vernet.

213. — Vue d'un port dans la Méditerranée. On aperçoit à gauche un vaisseau de guerre, où paraissent vouloir se rendre quelques personnages qu'on voit dans une barque encore au rivage. Largeur, 6 pieds 3 pouces; hauteur, 3 pieds 4 pouces.

214. — Marine. Des chaloupes débarquent des soldats qu'elles ont pris à bord des vaisseaux et des galères qu'on voit au large. Pendant du précédent.

MULIER ou DE MULIERIBUS (LE CHEVALIER PIETRO), surnommé Tempesta.
Ecole hollandaise.

Né à Harlem en 1637. Mort en Italie en 1701. On ignore qui fut son maître. Son surnom de Tempesta vient du genre qu'il avait adopté. Il peignait les tempêtes sur mer avec une effrayante vérité, ses tableaux font frémir. Souvent d'un ciel couvert d'épaisses ténèbres, on voit un nuage formidable s'ouvrir pour lancer la foudre et les éclairs, allumer des incendies et engloutir des vaisseaux déjà fracassés contre des rochers par une mer en furie. Dans le paysage où il a également montré du talent, il est imitateur de Claude Lorain par l'invention; mais sous le rapport du coloris et de la finesse du travail, il est fort au-dessous de son modèle.

215. — Naufrage. Hauteur, 2 pieds 3 pouces sur 3 pieds 7 pouces.

216. — Marine du même genre. Tempête. Navire hollandais naufragé au pied d'un rocher dominé par un château fort. Autres navires poussés par la tempête.

Largeur, 2 pieds, hauteur, 1 pied 6 pouces.

217. — Paysage. Le coup de tonnerre. Scène terrible fort bien rendue. Largeur, 2 pieds 6 pouces sur 2 pieds.

MURILLO (Barthelemi). *Ecole espagnole.*

Né à Pilas près de Séville en 1613, et mort dans cette dernière ville en 1685. Elève de Jean de Castillo et de Velasquez, il acheva de se former en copiant des tableaux de Titien, de Vandyck et de Rubens. On trouve dans ses ouvrages des carnations vraies, un pinceau moëlleux et une grande intelligence du clair obscur. C'est un des peintres qui ont le plus approché de la nature.

218. — Vieillard aveugle assis sur une pierre, il paraît chanter en s'accompagnant de la vielle. Grandeur naturelle. Hauteur, 5 pieds, largeur, 3 pieds 1 pouce.

L'imitation de la nature étant le but de la peinture, on ne peut nier que cet ouvrage mérite sous ce rapport d'être placé en première ligne.

219. — Vieillard à barbe grise tenant une cruche et se versant du vin rouge. Hauteur, 2 pieds 7 pouces sur 2 pieds 3 pouces.

MUTIAN (Jérome). *École vénitienne.*

Né dans la Bresse en 1528. Mort à Rome en 1590. Il vint à Venise étudier le Tintoret et les autres grands maîtres et se rendit ensuite à Rome pour se perfectionner. Il était bon dessinateur, et son coloris vigoureux. Ses tableaux sont très-finis ; il imitait en cela les Flamands. Ses figures sont pleines d'expression et ses fonds de paysage remarquables.

220. — Saint-Jérôme dans le désert. Il est à genoux, les yeux fixés sur un crucifix et se frappe la poitrine avec un caillou. — Mutian a reproduit fréquemment ce sujet et toujours d'une manière supérieure. Hauteur, 2 pieds 5 pouces sur 2 pieds.

OUDRY (Jean-Baptiste). *École française.*

Né à Paris en 1686, mort à Beauvais en

1755. Élève de son père et de Largilière ; ce dernier, pour le perfectionner dans le coloris, lu fit copier les tableaux de Rubens, qu'on voyait au Luxembourg. Après avoir essayé tous les genres, il se fixa à celui des animaux et des fleurs, accompagnés de fonds d'architecture et de paysage qu'il peignait toujours d'après nature. Cet habile homme composait facilement ; toujours fidèle à la nature, son coloris est vague et cependant vigoureux, et son pinceau ferme et léger.

221. — Paysage. On voit à gauche un moulin à eau ombragé par un chêne séculaire. Dans le fond, une femme montée sur un âne descend un coteau, en conduisant des vaches et des moutons. Sur le premier plan on remarque un chien lapant dans un ruisseau, un âne chargé de légumes, deux moutons et un taureau. Largeur, 4 pieds 6 pouces sur 3 pieds 5. Bon tableau signé J.-B. Oudry, 1740.

222. — Chasse au loup dans une forêt. L'animal se défend contre des chiens. Pendant de l'autre ; mais bien supérieur. C'est vraiment un chef-d'œuvre. Signé J.-B. Oudry, 1748.

OVENS (Jurien). *Ecole hollandaise.*

Il était élève de Rembrandt, et peignait encore en 1675.

223. — Départ de Tobie pour retourner chez son père. Le fils de Tobie, après avoir recouvré les 10 talents que Gabelus devait à son père et épousé Sara, fille de Raguel, se dispose, toujours sous la conduite de l'Ange, à rejoindre son père. Largeur, 6 pieds 6 pouces ; hauteur, 5 pieds 6 pouces. Cette noble et belle composition, cette scène patriarcale si bien rendue, et d'une couleur si naturelle, donne une grande idée du talent d'Ovens, peintre peu connu. Signé J. Ovens, 1651.

PALAMÈDE (Palamedessen Stelvers). *Ecole Hollandaise.*

Né à Londres, d'un père hollandais, en 1607, mort en Hollande en 1638. Il apprit la peinture sans maître, et seulement en copiant Isaïe Van-den-Velde et à force de recommencer. Ce zèle infatigable le fit atteindre au but. Ses ouvrages se soutiennent auprès des meilleurs de son école.

224. — Dame jouant aux cartes avec des militaires qui la filoutent; une autre dame pince la harpe. Scène aux lumières, d'une jolie couleur; composition agréable, touchée avec un sel étonnant (Sur cuivre). Largeur, 8 pouces sur 6.

PATEL.

225. — Paysage au soleil couchant. Tout l'atmosphère est embrâsé de la chaleur du ciel. Chasse au cerf.

226. — Vue de coteaux aux bords d'une rivière. Soleil couchant.

PALME (Jacques) le vieux. *Ecole vénitienne.*

Né à Serinalta, dans le Bergamasque, en 1540, mort à Venise en 1588. Il eut pour maître Le Titien, et pour élève Lorenzo Lotti de Bergame entre autres.

227. — Études d'enfants. Hauteur, 3 pieds 4 pouces; largeur, 3 pieds 2 pouces,

PARROCEL (Joseph). *Ecole française.*

Né à Brignoles en 1648, mort à Paris en 1704. Son frère Louis lui donna les premières leçons. A Rome, il travailla sous le Bourguignon, ce qui confirma son goût pour les batailles. Ce fut à Venise qu'il acquit le beau coloris qu'on remarque dans ses ouvrages. Il a peint avec succès tous les genres, et dans tous, on voit la fécondité de son génie et la diversité de ses moyens d'exécution. C'est le plus célèbre de tous les Parrocel. Son fils Charles, et son neveu Ignace, ainsi que François-Silvestre, paysagiste, furent ses élèves.

228.— Moines guérissant des possédés. Largeur, 7 pieds 11 pouces sur 5 pieds 2 pouces.

Cet ouvrage est surprenant pour la couleur et l'effet; il est sans doute un des plus beaux de ce maître.

PATER (Jean-Baptiste). *Ecole française.*

Né à Valenciennes en 1696, mort à Paris en 1736. Il était peintre de genre dans la manière Wateau, mais ne l'égala point.

229. — Vue d'une partie des jardins de Marlé, musiciens, promeneurs. Ce tableau est fort joli ; ce peintre n'a pas toujours fait aussi bien. Largeur, 1 pied 11 pouces sur 1 pied 3 pouces.

230. — Paysage. Une famille en partie de plaisir. Largeur, 1 pied 7 pouces sur 1 pied 4 pouces.

PERELLE l'aîné (*Ecole française*).
Il vivait sous Louis XIII, et étudia sous Simon Vouet.

231. — Danse de Paysans et paysanes au son de la cornemuse, fond de Paysage. Largeur, 11 pouces sur 9.

PENNI (Jean-François) *dit* il Fattore (le Facteur). (*Ecole romaine*).
Naquit à Florence en 1488, et mourut à Naples en 1528. Très-jeune, il vint à Rome demeurer chez Raphaël, qui fut son maître, et dont il devint l'ami. Chargé des affaires de Raphaël, on lui

donna le surnom de Facteur, d'autres disent que ce sobriquet est dû à sa facilité d'exécution en peinture. Quoi qu'il en soit, son talent s'appliquait à tous les genres, et il y réussit. Bon coloriste et bon dessinateur, la critique lui reproche quelque chose de gigantesque dans ses figures.

232. — La femme adultère, amenée devant Jésus par des soldats, Notre-Seigneur se baisse pour écrire : *Que celui de vous qui est sans péchés lui jette la première pierre.* Hauteur, 3 pieds 10 pouces sur 2 pieds 9 pouces.

Ce tableau, d'un caractère original et grandiose, sent la grande école où Penni s'était formé (Il est peint sur bois).

PERUGIN (Pierre). *Ecole Romaine.*
Perouse fut le lieu de sa naissance en 1446; il en tira son nom. Il mourut en 1524. Ses premières études eurent lieu à Florence dans l'école d'André Verocchio, où il rencontra Léonard de Vinci, avec lequel il travailla. A force d'application, il parvint à peindre d'une manière gracieuse, et à s'éloi-

gner du goût gothique, qui était encore en usage de son temps, et dont il ne put jamais se défaire entièrement. On remarque qu'à une certaine époque il se perfectionna beaucoup par les exemples de Raphaël, qui avait été son élève, et devint son maître.

233. — Le prophète Isaïe, le premier des grands prophètes. Il commença ses prophéties sous le règne d'Osias, 785 ans avant J.-C., et les termina sous celui de Manassès, qui le fit scier en deux.

234. — Le prophète Jérémie, le deuxième des grands prophètes, commença ses prédictions 625 ans avant J.-C. Il prophétisa la ruine de Jérusalem, après laquelle il fut emmené prisonnier en Egypte, et lapidé.

Ces deux tableaux son ronds, de 4 pieds de diamètre.

235. — Ecole du Perugin. La Vierge, Saint-Jean l'Evangéliste et le donateur du tableau (bois). Hauteur, 2 pieds 2 pouces sur 1 pied 9 pouces.

236. — Saint-Jean-Baptiste et Saint-Antoine. Pendant du précédent. Deux bons tableaux.

3 *

PIETERS (Jean). *Ecole flamande.*

Né à Anvers en 1625, l'époque de sa mort est inconnue. Ainsi que son frère Bonaventure, il peignait des marines et des combats sur mer.

237. — Attribué. Grande marine. Vue d'une rade, où plusieurs vaisseaux de guerre français et hollandais arrivent. Un château fort placé sur d'immenses rochers défend la rade. Beau tableau d'un ton vaporeux et d'un grand effet. Largeur, 3 pieds 7 pouces sur 2 pieds 6 pouces.

PIETRE DE CORTONE (Pietro Berettini). *Ecole florentine.*

Né à Cortone (dont il a pris le nom) en 1596, mort à Rome en 1669. Élève de peintres inconnus maintenant, il parvint à acquérir la réputation du plus grand peintre de son temps. Il faut cependant convenir que la postérité n'a point entièrement confirmé cette grande renommée. Personne n'a montré plus de fécondité, n'a mieux su disposer un grand sujet, ni mieux lier ses groupes; mais on lui reproche un dessin peu correct, des caractères de têtes souvent répétés, une manière de draper qui manque de noblesse. Ciro Ferri, Romanelli et beaucoup d'autres sortirent de son école.

238. — Josué arrêtant le soleil pour vaincre les Amalécites. Largeur, 7 pieds sur 4.

Sujet grandement traité et peint avec une franchise de touche qui prouve la facilité du maître.

239. — D'après lui. Sainte-Catherine d'Alexandrie. C'est la figure principale de son tableau de Sainte-Martine qu'on voit au Musée de Paris, mais avec des accessoires différents. Jolie esquisse. Hauteur, 1 pied 6 pouces sur 1 pied 1 pouce.

PHILATRE. *Ecole française.*

240. — Vue de Pantin, près de Paris (Sur bois). Il est signé Philâtre, 1782. Largeur, 9 pouces sur 6.

PIAZZETTA (GIOVANNI BATTISTA). Vénitien. Mort en 1754 à 71 ans,

241. — Portrait d'un vieillard à barbe blanche, portant bonnet carré, et disant son chapelet. Hauteur, 1 pied 2 pouces sur 1 pied.

PORDENONE (Jean-Antoine Licinio Regillo, *dit le*). *Ecole vénitienne.*

Son surnom lui vient du bourg de Pordenone, où il naquit en 1484; sa mort eut lieu à Ferrare en 1540. Il fut élève et ami du Giorgion. Son exécution était légère, et son dessin d'un bon style; ses figures ont beaucoup de relief; il était bon coloriste.

242. — Jésus-Christ porté au tombeau. Hauteur, 3 pieds 8 pouces sur 2 pieds 6 pouces.

Ce tableau est d'un bel effet et d'une couleur excellente.

POTTER (Paul). *Ecole hollandaise.*

Né à Enkhuyssen en 1625, mort en 1654 à Amsterdam; fils et élève de Jean Potter. Personne n'a mieux peint les animaux que Paul Potter, ni rendu avec autant de vérité le caractère de stupidité qui est propre à chaque espèce. Il finissait ses tableaux avec un soin extrême et se plaisait à rendre avec perfection le poil ou la laine de chaque animal. Son seul élève connu est Karel Dujardin.

243. — L'intérieur d'une étable à vaches ; un homme en frappe une sur la croupe (Sur bois). Largeur, 1 pied 3 pouces sur 1 pied 1 pouce.

Charmant tableau qui a toutes les qualités du maître.

POUSSIN (NICOLAS). *École française.*

Né à Andely en 1594, mort à Rome en 1663. On ne lui connaît point de maître On sait qu'après avoi étudié à Paris, il se rendit en Italie, et qu'à Rome il prit pour modèle Le Dominiquin, de préférence à tout autre. Le Poussin est un artiste sublime dont le pinceau a ennobli tous les sujets qu'il a traités. Il joignait à une connaissance parfaite de l'histoire une imagination poétique ; tous ses travaux étaient dirigés et éclairés par un jugement solide. On peut le mettre sans crainte au premier rang des artistes de toutes les nations. Guaspre, son beau-frère, est son seul élève connu.

D'après Poussin :

244. — Portrait de Nicolas Poussin à l'âge de 56 ans. Copie de celui qu'on voit au Musée de Paris, peint par lui-même. Hauteur, 2 pieds 10 pouces sur 1 pied 10 pouces.

245. — Grand paysage. Nymphes dansant; fond de forêt. Largeur, 5 pieds 10 pouces; hauteur, 5 pieds 2 pouces.

Cet ouvrage de sa jeunesse est signé N. P.

POELEMBOURG (Corneille). *Ecole hollandaise.*

Né à Utrecht en 1586, il y mourut en 1660. Elève d'Abraham Bloemaert, il se proposa pour modèle Adam Elsheimer. Si l'on excepte le dessin, Poëlembourg posséda toutes les qualités en peinture; son paysage est naturel, sa couleur légère et ses ciels transparents; ses sites pris en Italie sont bien choisis.

246. — Baigneuses. Largeur, 3 pieds sur 2 pieds 4 pouces. Les tableaux de ce maître, peints sur toile, et de cette dimension, sont extrêmement rares. Cet ouvrage est d'ailleurs excellent pour la couleur, d'un dessin satisfaisant et d'une bonne conservation. Il est signé C. P.

247. — Vue de ruines à Rome, arc de Titus, etc., personnages. Hauteur, 11 pouces sur 10 (Sur bois). Donné par M. Bédert, conservateur.

PORBUS (François).

Né à Bruges en 1570, mort à Paris en 1622. Elève de son père François Porbus. Ses portraits sont d'une vérité qui étonne; ils sont pleins d'âme et de vie.

248. — Portrait de Maurice, prince d'Orange, comte de Nassau, etc. Hauteur, 3 pieds 6 pouces; largeur, 2 pieds 6 pouces.

Ce portrait est remarquable par l'exécution la plus soignée et le coloris naturel qui rappelle Van-Dyck.

PYNAKER (Adam). *Ecole hollandaise.*

Né à Pynaker, près de Delft, en 1621, mort en 1673.

249. — Paysage. Une bergère à jupon rouge garde des vaches dans un paysage fort simple et peu fourni d'arbres; derrière la femme on aperçoit un homme couché sur l'herbe. Cette scène pastorale, éclairée par un ciel léger accompagné de quelques nuages vaporeux, compose un tableau charmant et frais. La touche en est spirituelle et d'une vérité de ton admirable. Largeur, 2 pieds 11 pouces sur 1 pied 9 pouces.

Ce tableau est signé A. P.

RAPHAEL SANZIO.

Naquit à Urbin en 1483, mort à Rome en 1520. Son père lui apprit les éléments du dessin et le plaça ensuite sous le Pérugin, qui avait alors beaucoup de réputation. Un voyage à Florence lui fit connaître les ouvrages de Léonard de Vinci et de Michel-Ange. C'est à partir de ce moment qu'il commença à se défaire de la roideur et de la sécheresse qu'on remarque dans ses premiers ouvrages, et qu'il tenait de son maître. Aucun peintre ne l'a égalé pour l'étendue de son génie, la grandeur de l'expression et la noblesse du dessin. Sa mort précoce (37 ans) ne l'empêcha point de laisser un nombre prodigieux d'ouvrages répandus dans toute l'Europe; et les fresques admirables qu'on voit à Rome, mais principalement au Vatican et au petit Farnese. Son génie ne se bornait point à la peinture, il était architecte, sculpteur, excellait dans la musique et autres arts d'agrément.

Copie de la main de Jules Romain.

250. — Attila, d'après une fresque peinte au Vatican.

Après avoir passé les Alpes Juliennes, emporté et saccagé Aquilée, Attila, surnommé le fléau de Dieu, marche vers Rome pour s'en emparer. Le pape Saint-Léon se charge d'aller fléchir le conquérant. La majesté du pontife, la renommée de ses vertus, la persuasion de son éloquence, ébranlèrent ce cœur farouche qui se désista de ses projets moyennant un tribut annuel. La légende rapporte que, pendant le discours de Saint-Léon, Attila aperçut auprès du saint pontife un vieillard vénérable armé d'une épée, et qui menaçait de le tuer, s'il résistait au pape : qu'effrayé de cette apparition, Attila prit la fuite et s'éloigna de Rome. C'est le sujet traité par Raphaël qui a donné à Saint-Léon la figure de Léon X. Largeur, 3 pieds 6 pouces. Hauteur, 2 pieds 8 pouces.

Copie de Jules Romain :

251. — Héliodore chassé du temple. D'après une fresque du Vatican.

Seleucus ayant appris que le temple de Jérusalem renfermait d'immenses richesses non destinées aux sacrifices, chargea Héliodore de s'y rendre pour demander ces trésors. Héliodore se présente au grand prêtre Onias qui lui dit : je ne puis disposer de ces richesses, je n'en suis que dépositaire ; elles appartiennent aux veuves et aux orphelins. Alors Héliodore entra dans le temple pour exécuter les ordres du roi ; aussitôt parut un homme à cheval qui renversa Héliodore et le foula aux pieds, deux jeunes hommes le frappèrent de verges jusqu'à ce qu'ils l'eurent chassé du temple. On aperçoit à gauche le pape Jules II porté sur les épaules de ses gardes : c'est un anachronisme fort ordinaire aux peintres de cette époque. Raphaël s'est représenté dans le premier garde qui fait face. Pendant du précédent.

Ces deux copies sont précieuses, en ce qu'elles ont été faites sous les yeux de l'auteur par le plus habile de ses élèves, qui a su reproduire tous les genres de mérite des originaux maintenant bien dégradés par le temps.

252. — Sainte Famille. Excellente copie d'un tableau qu'on voit au Musée Royal. Hauteur, 2 pieds 8 pouces sur 2 pieds.

253. — La transfiguration. Copie du chef-d'œuvre de Raphaël. Ce tableau fut son dernier ouvrage ; la mort l'empêcha même de le terminer. Il devait orner la cathédrale de Narbonne dont le cardinal Jules de Médicis était Archevêque ; sa destination fut changée, on le plaça au maître autel de Saint-Pierre in Monterio à Rome, d'où il vint à Paris par suite du

traité de Tolentino. Après 1815, il fut reporté en Italie, on le voit au Vatican.

254. — La Sainte Famille, dite de Fontainebleau. Copie remarquable du tableau que Raphaël fit en 1518 pour François Ier, et qu'on voit maintenant au Musée de Paris. Hauteur, 4 pieds 6 pouces sur 2 pieds 10.

255. — Portrait du pape Jules II. Copie de celui qu'on voit au Musée Royal. Hauteur, 2 pieds sur 1 pied 6 pouces.

256. — La Vierge et l'Enfant Jésus étendu sur ses genoux et la regardant (Peint sur bois). Hauteur, 2 pieds 7 pouces sur 2 pieds.

Ce sujet a été traité nombre de fois par Raphaël, aussi se trouve-t-il répété à Paris, en Angleterre, à Florence, mais avec des accessoires différents.

RECCO (Joseph). *Napolitain.*
Né en 1634, mort en 1695, il excellait à peindre les gibiers, les poissons, etc.

257. — Poissons de la Méditerranée et ustensiles de pêche. Largeur, 4 pieds 4. Hauteur, 3 pieds 9.

258. — Poissons, crabes, etc. Largeur 2 pieds 10 sur 1 pied 9.

259. — Poissons d'espèces variées. Hauteur, 1 pied 6 pouces sur 2 pieds.

REMBRANDT (PAUL REMBRANDT VAN RYN). *École hollandaise.*

Naquit en 1606 près de Leyde, et mourut à Amsterdam en 1674. Elève de plusieurs maîtres peu connus, il se fraya une route nouvelle en peinture. Rien qu'en consultant la nature, il devint grand coloriste, grand peintre, sans s'inquiéter du beau idéal et d'un dessin correct : on peut dire qu'il dut tout à son génie. Les ouvrages de sa jeunesse sont plus terminés que ceux qu'il fit plus tard ; une avarice sordide lui fit adopter une manière expéditive. Van den Eyckhout, Gérard Dow, Ferdinand Bol, Van Vliedt, furent ses principaux élèves, le dernier l'imita.

260. — Petit portrait de femme jeune, ayant la tête nue. Hauteur, 11 pouces sur 9.

261. Jésus reconnu par deux de ses disci-

ples (Pélerins d'Emmaüs), ébauche remplie de verve et faite d'inspiration : la figure lumineuse du Christ éclaire la scène d'une manière vraiment étonnante ; Rembrandt seul peut produire autant d'effet à si peu de frais. Hauteur, 2 pieds. Largeur, 2 pieds 3.

REMOND.

262. — Paysage. Ulysse et Nausicaa. Largeur, 6 pieds. Hauteur, 5 pieds 2.

Ulysse, échappé depuis 20 jours au noir Océan, savouerait les charmes d'un profond sommeil. Nausicaa, fille d'Alcinoüs roi des Phéaciens, accompagné de ses Nymphes, livre ses vêtements au cristal des eaux ; ils ont repris leur lustre, on les étend au bord du rivage. Puis Nausicaa se baigne ainsi que ses compagnes, en attendant que le soleil ait bu l'humidité des vêtements. Elles dansent ensuite, chantent, se livrent à des jeux et se préparent à retourner au palais.... Leurs cris joyeux réveillent Ulysse...... Il se forme une ceinture de feuillage, sort du buisson et s'avance. Il est contraint de paraître dépouillé de vêtements, aux yeux de ces jeunes Phéaciennes. A son aspect, elles fuient, et, dispersées, se cachent sous les bords élevés du rivage. Seule, la fille d'Alcinoüs ne prend point la fuite : Ulysse embrassera-t-il ses genoux, ou restant à sa place demandera-t-il quelques vêtements....... Odyssée d'Homère.

Ce beau tableau, donné par le gouvernement, faisait partie de l'exposion de 1831. Il est sigué : Remont 1830.

ROMANELLI (Jean-François). *Ecole romaine.*

Né à Viterbe en 1617. Mort à Rome en 1662. Elève de Piètre de Cortone, mais dessinant plus correctement que lui, il ne put entièrement se défaire de la grâce maniérée qu'on reproche aux figures de son maître. Son coloris avait la plus grande fraîcheur, sa manière de drapper et d'ajuster ses personnages est la même que celle de Pietre de Cortone. Il vint en France du temps de Mazarin, et fit plusieurs grands ouvrages au Louvre et ailleurs.

263. — Sainte-Famille, fond de paysage. Hauteur, 7 pieds 6 pouces sur 4 pieds 2 pouces.

ROMBOUTS (Théodore). *Ecole flamande.*

Né à Anvers en 1597. Mort à Anvers en 1637. Elève d'Abraham Janssens. A l'âge de 20 ans, il fit le voyage de Rome où il se fit connaître par de bons ouvrages, ainsi qu'à Florence, où le grand duc l'avait appelé. De retour dans sa patrie, Rombouts osa se mettre en concurrence avec Rubens, et fut jugé son égal pour le coloris et quelques autres parties de l'art. Cet artiste se surpassait toutes les fois qu'il cherchait à égaler Rubens. Son genre était l'histoire, mais il a peint souvent de petits sujets dans le genre d'Ostade.

264. — Voyageurs à cheval et autres personnages devant un cabaret de village. Enfants. Poulet, etc. Largeur, 1 pied 4 pouces sur 1 pied.

RONCELLI (Joseph), de Bergame. Mort en 1729 à 52 ans.

265. — Feu de joie sur la place du Peuple à Rome. Les figures sont peintes par Celesti. Largeur, 1 pied 3 pouces sur 1 pied.

ROSA (SALVATOR). *Ecole napolitaine.*

Né en 1615 à Renella, près de Naples, il reçut les premières leçons de peinture de Paolo Greco, son oncle, puis de Francesco Francazano, son beau-frère, qu'il quitta pour suivre à Rome Joseph Ribera, *dit* l'Espagnolet. C'est là qu'il fit de tels progrès que la renommée de son talent s'étendit dans toute l'Europe. Il peignait tous les genres et avec une extrême vitesse ; mais il préferait les sujets terribles au milieu d'une nature sauvage. Graveur, poëte et musicien, il montra dans ces différents genres l'originalité, l'esprit et le feu qui distinguent son génie comme peintre. Il mourut à Rome en 1673 : il a fait plusieurs élèves, et entr'autres son fils, Auguste Rosa.

266. — Paysage au bord de la mer. Deux hommes tirent des filets, un groupe entoure un feu où l'on prépare les produits de la pêche. Fond de rochers. Largeur, 4 pieds sur 2 pieds 3 pouces.

267. — Autre paysage au bord de la mer. Deux hommes de guerre causent avec un

homme assis sur la plage. A droite, une femme se dirige vers des ruines. Pendant du précédent.

Ces tableaux, en terme d'art, ne sont que des torchades, dont l'auteur a su faire deux chefs-d'œuvre.

268. — (Imitation de Salvator.) Paysage au soleil levant. Deux femmes en costume historique se voient au pied d'un arbre.

Composition moins sauvage, ton plus fin, couleur moins sombre que Salvator. Hauteur, 1 pied 11 pouces sur 1 pied.

269. — Halte de soldats au milieu de rochers. Tableau d'un fini précieux et imitant bien Salvator.

270. — Jason endort le Dragon, gardien de la Toison-d'Or. Hauteur, 2 pieds 10 pouces sur 2 pieds 2 pouces. Cet ouvrage pourrait être originel de Salvator, mais il a tellement poussé au noir, qu'on y distingue peu de chose.

271. — Tête de vieillard chauve. Morceau d'une grande beauté, touché avec hardiesse, bien original. Hauteur, 2 pieds sur 1 pied 6 pouces.

ROSA DE TIVOLI (Philippe Rooz dit).
Ecole allemande.

Né à Francfort en 1655, mort à Rome en 1705. On ne connait point celui dont il reçut des leçons dans son pays, mais on sait qu'à Rome, Brandi, qui était son beau-père, lui enseigna son art. Le genre de Rosa fut celui des animaux, qu'il peignait avec une facilité extraordinaire, Sa touche est large et ferme, et son coloris vigoureux.

272. — Bouc, chèvres, moutons, gardés par un berger. On voit un village dans le fond du paysage. Hauteur, 2 pieds 4 pouces sur 3 pieds.

273. — Paysage. Un taureau noir. Largeur 1 pied 11 pouces sur 1 pied 5.

274. — Troupeau de bestiaux dans un paysage sévère. Largeur, 1 pied 10 pouces sur 1 pied 3 pouces.

ROSELLI (Mathieu). *Ecole florentine.*
Né en 1578, mort en 1650.

275. — Judith tient la tête d'Holopherne, une vieille va la recevoir dans

un sac. Hauteur, 5 pieds 8 pouces sur 3 pieds 8 pouces.

Ce tableau est remarquable par la couleur, on le croirait sorti de la main d'un peintre vénitien.

ROUETTE (G.) *Ecole Française.*

Nous n'avons rien trouvé sur ce peintre, mais il a dû fleurir vers le milieu du siècle dernier et être élève du fameux Oudri.

276. — Renard tenant un lapin qu'il vient d'éventrer. Un chat sauvage paraît vouloir le lui disputer. Largeur, 3 pieds 6 pouces sur 2 pieds 6 pouces.

Ce tableau est dans son genre, de 1.er ordre, et fut long-temps attribué à Sneyders, mais nous avons découvert qu'il était signé G. Rouette; ce qui donne une grande idée de ce peintre peu connu.

RUGENDAS (Georges-Philippe). *Ecole allemande.*

Né à Augsbourg en 1666, mort en 1742. D'abord élève d'Isaac Fisches, il devint peintre de batailles en copiant les tableaux du Bourguignon et de quelques autres. Son goût pour ce genre le fit s'exposer pour voir de près les effets des boulets et des bombes, et toutes les horreurs de la guerre. On le vit faire des dessins soignés, au milieu du carnage. Il mérite un rang distingué parmi les peintres de bataille.

277. -- Prise d'une ville fortifiée.

278. -- Bataille. Tableaux de largeur, 2 pieds 3 pouces sur 1 pied 2 pouces.

Ces deux ouvrages sont dans la manière du Bourguignon.

RUBENS (Pierre-Paul). *Ecole flamande.*

On l'a nommé le prince des peintres flamands. Naquit à Cologne en 1577, et mourut à Anvers en 1640. Elève d'Otto Voenius, grand peintre qui passait alors pour le Raphaël de l'école flamande. A 23 ans il se rendit à Mantoue, où il copia les grands ouvrages de Jules Romain, et fit aussi plusieurs compositions. Un voyage en Espagne et en Portugal lui fournit l'occasion de montrer ses talents en histoire, après quoi il revint à Mantoue, se rendit à Rome, à Venise; où les travaux du Titien et du Véronèse l'arrêtèrent; ce fut dans cette école qu'il acquit cette supériorité dans le coloris qu'on lui reconnaît. En quittant Venise, il revint à Rome, et passa par Gênes en se rendant à Bruxelles, et enfin se fixa à Anvers. Ce fut en 1620 qu'il dessina à Paris la vie de Marie de Médicis; mais il peignit les tableaux à Anvers. Les autres particularités de sa vie ont plus de rapport à la politique qu'à la peinture. Le nombre de ses élèves fut considérable; contentons-nous de nommer Vandyck, Jordaëns, Teniers le père, Van Mol, Gérard Seyghers et Van Thulden.

279. — Triomphe d'un guerrier après la victoire.

Grande composition habilement disposée; elle est du meilleur temps de Rubens, et dans sa plus belle couleur; c'est un morceau capital. Hauteur, 9 pieds 6 pouces; largeur, 7 pieds.

280. — Tête d'Hercule (sur bois). Esquisse hardiment touchée et d'une couleur chaude. Hauteur, 1 pied 3 pouces sur 10 pouces.

281. — Portrait de la première femme de Rubens; elle est élégamment vêtue et la poitrine découverte.

Remarquable par la finesse du pinceau et la vérité de la couleur.

282. — (Copie) Philopæmen. Copie d'un tableau qu'on voyait chez le duc d'Orléans ; les animaux étaient peints par Sneyders. Hauteur, 8 pieds 6 pouces sur 8 pieds 6 pouces.

La figure de Philopœmen, chef de la ligue des Achéens, était commune sans être ignoble, et l'extrême simplicité de son extérieur ne la relevait pas. Cette simplicité causa la méprise d'une hôtesse de Megare, qui, attendant le chef des Achéens, et le voyant arriver seul couvert d'un manteau grossier, le pria familièrement de l'aider à préparer le souper de son général. Philopœmen accepta l'invitation et se mit à fendre du bois. Le mari, dont il était connu, vint à rentrer, et lui exprima sa surprise de le trouver ainsi *embesogné* ; ce n'est rien, répondit *Philopœmen*, je porte la peine de ma mauvaise mine.

283. — (Copie.) Diane et ses nymphes

revenant de la chasse. Copie d'un tableau qu'on voyait aussi chez le duc d'Orléans. Largeur, 7 pieds 9 pouces sur 8 pieds.

284. — Portrait de Rubens. Excellente copie de celui qu'on voit dans la galerie de Florence, peint par lui-même. Hauteur, 2 pieds 3 pouces sur 1 pied 10 pouces.

285. — (Copie.) Portrait d'Hélène Formann, 2.e femme de Rubens; il l'épousa en 1630, elle était âgée de 16 ans. Hauteur, 1 pied 4 pouces sur 1 pied 1 pouce. D'après son portrait peint par Rubens, qu'on voit dans la galerie de Munich.

286. — Deux chérubins. Largeur 10 pouces 6 lignes; hauteur, 8 pouces 6 lignes.

287. — Saint-François-d'Assise mourant et assisté par deux anges. Pastiche d'après Rubens. Hauteur, 1 pied 6 pouces sur 1 pied 3.

RYCKAERT (David) le fils. *École flamande.*

Né à Anvers en 1615; on ignore l'époque de sa mort. Il fut élève de son père

David Ryckaert, peintre habile. La vue des tableaux de Brawer et d'Ostade lui fit quitter le paysage pour peindre des intérieurs de cuisine, des tabagies, etc., auxquels il réussit fort bien. Mauvais dessinateur, il n'a jamais su bien faire les mains que le plus souvent il cache; ses figures ont de l'expression, sa couleur est chaude.

288. — Intérieur d'une cuisine. Un cuisinier se dispose à dépecer un mouton déjà dépouillé; autres animaux, ustensiles. Largeur, 3 pieds sur 2 pieds 3 pouces.

Ce tableau a souvent été attribué à un peintre vénitien.

289. — Autre intérieur de cuisine. Largeur 1 pied 11 pouces sur 1 pied 5 pouces.

SABLET (Jacques), surnommé le peintre du Soleil.

Né à Morges, en Suisse, mort à Paris vers l'an 1810, âgé environ de 60 ans.

290. — Vieillard assis et lisant. Figure pleine de naturel et de vérité. Hauteur, 1 pied 10 pouces sur 1 pied 6 pouces.

291. — Laveuses italiennes (sur bois). Largeur 1 pied sur 9 pouces.

292. — Vendanges en Italie. Largeur, 1 pied 11 pouces sur 1 pied 5 pouces.

293. — Le 18 brumaire à Saint-Cloud. Scène à la lumière. Tableau historique. Largeur, 2 pieds sur 1 pied 5 pouces.

La scène se passe au moment où Lucien Bonaparte, président, déclare que le gouvernement est changé, et que trois consuls, Bonaparte, Cambacérès et Lebrun sont chefs de la république. On les remarque, assis dans le même ordre, en face du président ; les deux généraux qu'on voit auprès des consuls sont Augereau et Serrurier.

SABLET (François), frère aîné du précédent, mort à Nantes en 1817.

294. — Entrée de la Savoie.

295. — Vue prise en Italie.

ANDRÉ SACCHI. *École romaine.*

Né à Rome en 1599, où il est mort en 1661. Élève d'Albano, il retarda la décadence de la peinture en Italie. Excellent dessinateur, ses compositions étaient grandes et nobles; il donnait une expression juste à ses figures et les drapait avec simplicité; peut-être lui désirerait-on un peu plus de chaleur, surtout dans son coloris. Ses plus fameux élèves sont François Lauri, Carlo Maratti et autres.

296. — Convoi funèbre d'un évêque. Cette esquisse magnifique offre tous les genres de mérite qui caractérisent le talent de Sacchi (Sur bois). Hauteur, 1 pied 2 pouces sur 2 pieds 3 pouces.

297. — Religieux chassés à coups de hallebarde; une barque s'approche pour les recueillir. Sujet traité en maître. Largeur, 3 pieds sur 2 pieds 2 pouces.

298. — St.-Romuald et ses disciples. Copie du tableau du Musée Royal, regardé comme le chef-d'œuvre de Sacchi. Hauteur, 5 pieds 6 pouces sur 4 pieds.

299. — Saint-Romuald, les yeux élevés vers le ciel, tient une plume et est prêt à écrire. Hauteur, 2 pieds sur 1 pied 6 pouces.

VENTURA SALIMBENI (BONAVENTURE).
Ecole de Sienne.

Né en 1557, mort en 1613.

300. — Beau portrait d'un jeune ecclésiastique romain, coiffé d'un bonnet carré. Hauteur, 1 pied 5 pouces sur 1 pied 2 pouces.

SANTERRE (JEAN-BAPTISTE).

Né à Magny, près Pontoise, en 1651, mort à Paris en 1717. Élève de Boulogne l'aîné. Il n'a fait que très-peu de tableaux d'histoire, et se bornait, en général, à des portraits et à des sujets de la vie commune.

301. — Cuisinière grattant une carotte et regardant avec esprit. Cette figure est un fort bon portrait, remarquable par la vérité de la carnation. Hauteur, 2 pieds 6 pouces sur 2 pieds.

SARZANA.

Né à Gênes en 1589, mort en 1669.

302. — L'adoration des bergers. Excel-

lent tableau. L'enfant Jésus est le foyer de lumière. Hauteur, 4 pieds 5 pouces; largeur, 3 pieds 5 pouces.

SASSO FERRATO (JEAN-BAPTISTE SALVI dit LE).

Né à Sasso Ferrato en 1605, mort à Rome en 1685. Elève de son père Tarquinio Salvi; on ignore à quelle école il s'attacha ensuite. Il a fait peu de grands tableaux, mais beaucoup de petits, et des portraits qu'on estime infiniment.

303. — Portrait de la femme de Sasso Ferrato; elle est vieille, tête nue, vêtue en noir et disant son chapelet. Hauteur, 2 pieds 2 pouces sur 1 pied 9 pouces.

Ce portrait est un modèle de vérité pour la couleur et l'expression. La dégradation et la justesse du trait sont si finement rendus, qu'on ne peut se refuser à un sentiment d'admiration qu'un portrait n'inspire guères.

SCHALKEN (GODEFROY). *École hollandaise.*

Né à Dordrecht en 1643, il mourut à

La Haye en 1706. Par une application continuelle et les avis de Gérard Dow, qui était son maître, il parvint à une grande réputation, par son talent à représenter les effets de lumière, surtout dans les ouvrages de petite proportion. Schalken peignait toujours d'après nature.

304. — Le bon Samaritain. Le peintre a choisi le moment où ayant amené l'homme blessé à la porte d'une hôtellerie, le Samaritain le recommande à l'hôtelier, et lui donne deux pièces de monnaie pour payer la dépense de cet homme (sur cuivre). Hauteur, 8 pouces sur 6.

Cette scène est rendue avec une convenance parfaite, si on en excepte le costume des personnages, qui est un anachronisme. A part cela, l'ouvrage est un petit chef-d'œuvre.

305. — Une jeune fille couchée sur son ouvrage s'est endormie. Effet de nuit bien rendu et d'une bonne couleur. Hauteur, 1 pied 9 pouces; largeur, 1 pied 10 pouces.

SCHALL. *Ecole française.*

305. — Allégorie à la liberté. Au fond, colonne et statue de la liberté, fond de paysage (sur bois). Hauteur, 11 pouces sur 8.

SÉBASTIEN DEL PIOMBO, connu aussi sous les noms de Sébastien de Venise et de Frère Sébastien. *Ecole vénitienne.*

Né à Venise en 1485, mort à Rome en 1547. Jean Bellin fut son premier maître, après il entra dans l'école de Giorgion. A Rome il s'attacha à Michel-Ange qui lui donna souvent des esquisses et l'idée de ses tableaux. On peut dire qu'avec la science du dessin, un bon goût de coloris, il manqua du génie nécessaire pour faire de grandes choses. Son habitude de finir minutieusement ses ouvrages le fit tomber dans la sécheresse. Son goût naturel le portait vers le genre du portrait et des demi-figures ; il y réussissait parfaitement, et on les recherche avec soin. Thomas Laurati fut son seul disciple.

307. — Christ portant sa croix, demi-figure (sur bois). Tableau admirable de vérité, et qui peut donner une idée juste du talent de Sébastien. Hauteur, 1 pied 4 pouces sur 1 pied.

308. — Portrait d'un jeune homme coiffé d'un bonnet noir. Morceau d'un beau caractère, et remarquable par la finesse du pinceau. Ce portrait est superbe. Hauteur, 1 pied 3 pouces sur 1 pied.

SÉGHERS (Gérard). *École flamande.*

Né à Anvers en 1592, mort en 1651 dans la même ville. Après avoir étudié dans son pays, il se rendit en Italie, où les ouvrages de Manfredi attirèrent son attention, et décidèrent sa vocation pour le genre de ce maître. Il peignait avec un grand succès les effets nocturnes, qu'il savait éclairer avec art pour produire beaucoup d'effet. Il entendait parfaitement la partie du clair-obscur.

Son fils et Jean Miel sont ses élèves.

309. — Reniement de Saint-Pierre, scène de nuit. Des soldats jouent aux dés sur

une table ; une servante tenant une lumière interroge Saint-Pierre. Largeur, 5 pieds ; hauteur, 3 pieds 6 pouces.

Effet de lumière rendu avec justesse. Cet ouvrage est peint avec la finesse et la naïveté qui caractérisent les productions de la plus belle époque de cette école.

SIRANI (Elisabeth). *Ecole du Guide.*

Née en 1638, morte à 26 ans, fille et élève de Sirani, Giovani-Andrea.

310. — Jeune femme coiffée d'un turban ; elle tient de la main gauche un vase placé sur une table, et de la droite, elle a l'air de montrer ce qui est dedans. Hauteur, 8 pouces ; largeur, 6 pouces 6 lignes.

SNEYDERS (François). *Ecole flamande.*

Né à Bruxelles en 1579, mort à Bruxelles en 1657. Son premier maître fut Van-Basen ; il commença par peindre des fruits, ensuite des animaux, genre dans lequel personne ne l'a surpassé. Pendant un long séjour en Italie, son émulation fut excitée par les ouvrages de

Benedetto Castiglionne. Rubens et Jordaens ont presque toujours employé son pinceau pour peindre les animaux qu'on voit dans leurs ouvrages. Ses élèves sont Van-Boucle, Bernard Nicasius et autres.

311. — Chat convoitant du gibier. Largeur, 1 pied 4 pouces sur 1 pied 1 pouce. La tête du chat est un chef-d'œuvre.

SNAVE (*Ecole française*).

On croit qu'il vivait dans le siècle dernier.

312. — Marché sur une place publique. (Tableau sur bois.)

313. — Autre ; on y vend des fruits (Tableau sur bois). Faisant pendant. Largeur, 6 pouces sur 4 pouces.

SOLIMENE (FRANÇOIS). *Ecole napolitaine.*

Né à Nocéra dé Pagani, près de Naples, il y mourut en 1747. Il eut sucessivement plusieurs maîtres, mais il se forma en consultant les ouvrages de Lanfranc et du Calabrois, ceux de Pietre de Cortone et de Lucas Giordano, et enfin ceux du Guide et de Carle Maratte. Il jouit pendant sa vie d'une réputation immense, et ses travaux furent innombrables.

314. — L'enfant Jésus, assis sur les genoux de sa mère, accueille plusieurs saints qui lui présentent les instruments de leur martyre. Hauteur, 4 pieds sur 3 pieds 10 pouces. Esquisse pleine de verve.

315. — Saint-Dominique recevant du pape Honorius III la bulle d'institution de son ordre en l'an 1216. Esquisse pleine de sentiment, et sagement composée. Largeur, 1 pied 7 pouces sur 1 pied 6 pouces.

SPIERINGS (N.)

Il a fait plusieurs bons paysages à Paris par les ordres de Louis XIV.

316. — Paysage dans le genre de Salvator Rosa; la figure est peinte par Eyckens le père. Hauteur, 2 pied; largeur, 1 pied 7 pouces.

SPRANGER (BARTHELEMY). *École flamande.*

Né à Anvers en 1546, et mort en Allemagne, dans un âge très-avancé. Il étudia d'abord chez Jean Madin, peintre de Harlem, et chez Mostar, puis fut à Milan, chez Bernardo Soiaro, élève du Correge, où il se perfectionna. A Rome, présenté à Pie V, par le cardinal Farnese, il devint son premier peintre. Appellé à Vienne, il y passa presque le reste de sa vie. En général, il n'a peint que pour les souverains ; aussi ses ouvrages sont-ils d'une extrême rareté dans les collections particulières. Son seul élève connu est Jean Van-Acheu, d'Aix-la-Chapelle.

317. — Madeleine repentante. Elle conserve encore tous les ornements du luxe et de la vanité; mais, touchée par le repentir, elle est venue dans la solitude pour oublier le monde et ne songer qu'à Dieu. Hauteur, 4 pieds 4 pouces sur 3 pieds. Cet ouvrage est fort remarquable par son harmonie et un style grandiose.

SUBLEYRAS (Pierre). *École française.* Né à Uzès en 1699, mort à Rome en 1749. Elève de son père et de Rivalz, peintre toulouzain; il perfectionna son talent à Rome, après avoir remporté le grand prix. Il peignait l'histoire et et le portrait.

318. — Théodose à genoux. Etude pour son tableau de Théodose, recevant l'absolution de Saint-Ambroise. (Musée de Paris.) Hauteur, 1 pied 3 pouces sur 1 pied.

STELLA (Jacques). *École française.*

Né à Lyon en 1596, mort à Paris en 1657. On ne connaît point son maître; mais on sait, qu'à l'âge de vingt ans, il alla en Italie, où il resta jusqu'en 1634; qu'il se fixa en France avec le titre de peintre du roi. Son génie était fécond, son dessin correct, et sa touche vigoureuse ou légère, suivant que le demandait le sujet. Bouzonnet Stella, son neveu, fut son élève, et l'imita.

319. — Assomption. Un des bons tableaux de ce maître. Signé Jacobus Stella Lugd. 1627 ou 1625. Hauteur, 9 pieds sur 5.

STOMEEN (M. D.). *École hollandaise.*

Elève et imitateur de David de Heem; il vivait au commencement du XVII.e siècle.

320. — Déjeûner aux truffes, raisin, citrons, etc. (sur bois). Largeur, 2 pieds 5 pouces sur 1 pied 8 pouces.

321. — Pâté truffé, citrons, noix, vases, serviettes (sur bois). Signé M. D. de Stomeen. 1614. Largeur, 2 pieds 4 pouces sur 1 pied 10 pouces.

322. — Déjeûner : poulet rôti, citron dans des plats d'argent, vases en vermeil, verres (sur bois). Largeur, 2 pieds sur 1 pied 9 pouces.

Ces bons tableaux, de genre, offrent de jolis détails.

STROZZI (Bernard) *dit* le Capucin, ou le Prêtre genois. *Ecole de Gênes.*

Né à Gênes en 1581. Mort à Venise en 1644. Après avoir appris son art d'un peintre siennois nommé Pierre Sorri, il se fit capucin. Mais bientôt il sentit le poids de cet engagement et voulut s'en affranchir. Ne l'ayant obtenu qu'imparfaitement, il s'échappa de Gênes quelques années après, et se refugia à Venise, où il passa sa vie sous l'habit séculier. Il était ingénieux et fécond, dessinait facilement. Sous le rapport du coloris, ses ouvrages se soutinrent auprès des meilleurs de cette grande école venitienne.

323. — Paralytique guéri sortant de la piscine en présence de Jésus-Christ. Largeur, 3 pieds; hauteur, 5 pieds 2 pouces.

324. — Conversion de Zachée le publicain. Pendant.

Ces deux ouvrages ont été gravés.

SWANEVELT (Herman), surnommé Herman d'Italie. *Ecole flamande.*

Né en 1620. Mort à Rome. Dans son pays, il eut pour maître Gerard Dow; et, en Italie, Claude Lorain. Il a beaucoup rapproché de ce dernier dans ses ouvrages, seulement on y remarque un ton moins chaud et un effet moins brillant. Il a supérieurement imité la vapeur aërienne et les nuances variées de la lumière.

325. — Paysage. A gauche, trois personnages causent dans un chemin. Char-

mant tableau. Hauteur, 1 pied 6 pouces sur 1 pied.

326. — Paysage. Un joueur de vèze et un joueur de galoubet et de tambourin font danser des paysans et paysannes. Quelques connaisseurs attribuent ce paysage à Claude Lorrain. Largeur, 2 pieds sur 1 pied 6 pouces.

TASSI. Imitateur de Claude Gelée, *dit* le Lorain.

327. — Marine au lever de la lune. Un homme décharge des instruments de pêche d'une charrette attelée de deux bœufs. Au large on chauffe un navire. (Bois). Largeur, 1 pied 5 pouces sur 1 pied 1 pouce.

TEMPÊTE (Tempesta Antonio). Né à Florence en 1545 et mort en 1620. *École florentine.* Élève de Strada, *dit* le Stradene, peintre flamand qui travaillait pour le Grand Duc; on ne connaît point ses élèves.

328. — Grande chasse au cerf, on remarque plusieurs cavaliers suivis on pré-

cédés de chiens. Largeur, 8 pieds 6 pouces; hauteur, 6 pieds. Ce tableau et le suivant ont été gravés.

329. — Apprêts d'une chasse à l'oiseau. Un cavalier montant un cheval blanc et tenant un faucon sur le poing, prend des renseignements d'un paysan. Pendant du précédent.

330. — Etude. Cheval blanc au galop. Hauteur, 4 pieds 3 pouces sur 3 pieds 3 pouces. (A été gravée).

TENIERS le père (DAVID). *Ecole flamande.*

Né à Anvers en 1582, et mort dans la même ville en 1649. Elève de Rubens ; il suivit la manière de Brawer, qui convenait à ses goûts. Rubens faisait grand cas de la vérité et de la simplicité de son dessin. Pendant son long séjour à Rome il demeura 10 ans chez Adam Elsheymer dont il suivit la manière sans négliger l'étude des grands maîtres. Il excédait à peindre l'air rustique et la grosse gaieté des paysans. Sa touche est fraîche et légère, l'harmonie de ses tableaux tient quelque chose de l'école de Venise. Ses ouvrages se distinguent de ceux de son fils David, par un coloris plus chaud. Ses fils, David et Abraham, furent ses élèves.

331. — Jeunes bergers jouant aux cartes en gardant des moutons et des vaches. Largeur, 1 pied 9 pouces sur 1 pied 2 pouces. Excellent tableau.

TENIERS (ABRAHAM). *Ecole flamande.*
Il était fils de David Teniers le père, et frère du fameux David Teniers. Abraham n'atteignit point au degré de perfection de ceux-ci.

332. — Fumeurs jouant à pair ou non. Largeur, 1 pied 2 pouces sur 11 pouces. Cet ouvrage annoncerait qu'on n'a pas rendu toute la justice qu'on devait au talent d'Abraham. En général, les Flamands peignent avec plus de finesse qu'on n'en voit dans ce tableau, mais ils n'ont point une touche plus franche et plus spirituelle.

TENIERS (DAVID), le jeune. *Ecole flamande.*
Né à Anvers en 1610, mort à Bruxelles en

1694. Il fut élève de son père David Teniers, dit le Vieux, qu'il surpassa. On distingue ses ouvrages de tous ceux des autres peintres flamands, par son pinceau plus ferme, plus léger, plus spirituel, par une touche large et facile, par sa couleur franche et transparente; enfin, par le ton argenté de ses lumières. Le nombre de ses tableaux est prodigieux. Beaucoup d'élèves sortirent de son école, fort peu sont connus en France.

333. — Ste.-Thérése en prières devant un autel. La scène est dans une caverne de rochers. Largeur, 1 pied 1 pouce sur 9 pouces. Ce tableau est précieux par sa finesse, sa couleur harmonieuse et son ton argenté. Le choix du sujet ajoute aussi à son mérite, Teniers traitait plus souvent des sujets populaires.

334. — Paysage. Une route sur le 1.er plan, on y voit piétons et cavaliers, à gauche un homme satisfait un besoin. Le paysage paraît seulement retouché par Teniers, mais il a peint les figures (sur bois). Largeur, 2 pieds 2 pouces sur 1 pied 6 pouces. C'est un ouvrage assez faible de sa jeunesse.

TILBORG (Gilles).

Né à Bruxelles en 1625. Imitateur de la manière de Brawer et Teniers.

335. — Corps-de-garde flamand. Hauteur, 1 pied 9 pouces. Largeur, 2 pieds 1 pouce.

TINTORET (Jacques Robusti dit le).
Ecole vénitienne.

Naquit à Venise en 1512, où il mourut en 1594. Fut disciple du Titien et eut pour élève Palme le jeune, Martin de Vos, Rothenhamer et autres. Il peignait au premier coup, aussi son dessin passe-t-il pour incorrect. La fécondité de son génie, la justesse de son coloris, le placent au premier rang des peintres vénitiens.

336. — Dédicace du temple de Jérusalem. Salomon, roi d'Israël, après avoir fait batir le temple, rassemble son peuple, dédie le temple au Seigneur, et y transporte l'arche d'alliance. Hauteur, 3 pieds 1 pouce. Largeur, 2 pieds 4 pouces.

Ce tableau et les suivants, traités en esquisse, n'en sont pas moins précieux.

337. — Lapidation de St.-Etienne, 1.er martyr; un ange lui apporte la palme. Hauteur, 3 pieds 6 pouces. Largeur, 2 pieds 10 pouces.

338. — Simon, le magicien. Simon s'étant vanté de s'élever dans les airs, voulant par là détruire l'effet des miracles des apôtres, tombe du haut d'un portique et se casse une cuisse. On voit St.-Pierre à genoux et priant Dieu d'empêcher la réussite de Simon. Hauteur, 1 pied 8 pouces sur 1 pied 3 pouces.

Ecole du Tintoret :

339. — Présentation au temple. Esquisse. Hauteur, 1 pied 11 pouces sur 1 pied 6 pouces.

Attribué au Tintoret :

340. — Décolation de St.-Janvier; on amène plusieurs autres chrétiens, Ste.-Pudantienne recueille leur sang. La scène se passe à la Solfatare, près de Naples. Cet ouvrage, est sous plusieurs rapports, d'un grand intérêt. Largeur, 2 pieds 6 pouces sur 1 pied 10 pouces.

TITIEN VECELLI. *Ecole vénitienne.* Né à Cadore, dans le Frioul, en 1477;

mort à Venise pendant la peste de 1576. Elève des Bellin et de Georgion, sa réputation commença par son habileté à faire des portraits, et principalement ceux des femmes, auxquels il réussissait mieux. Il a bien peint tous les genres, et, dans tous, sa couleur était inimitable et semblait réfléchir la lumière. Il était bon dessinateur sans cesser d'être gracieux. Sa première manière de peindre est plus finie, la seconde plus expéditive, ne produit son effet que de loin. L'Europe est remplie de ses chefs-d'œuvre. Le nombre de ses élèves fut immense, nommons seulement son fils Horace, le Bordone, le Tintoret, Palme le vieux, Sébastien del Piombo et Lambert Lustris.

341.--Portrait de Paolo Sarpi, connu sous le nom de Fra Paolo. Ce portrait, largement touché et d'une belle couleur, est un ouvrage de la vieillesse du Titien. Hauteur, 1 pied 10 pouces sur 1 pieds 6 pouces.

Fra Paolo, venitien, religieux servites, soutint par divers écrits la cause de la république de Venise contre l'interdit du pape Paul V. Son principal ouvrage est une histoire du Concile de Trente. Ce savant religieux, dont l'érudition était immense, fit preuve de l'énergie qu'on ne trouve que chez les grands hommes.

DE LA TOUR.

Inconnu, il a sans doute pris Rembrandt pour modèle.

342. — Un vieillard s'est endormi, en faisant sa lecture. Une jeune fille, richement vêtue, vient le réveiller. Très-bel effet de nuit, la tête du vieillard est superbe, il semble qu'on l'entend respirer dans un sommeil paisible. Hauteur, 2 pieds 10 pouces sur 2 pieds 6 pouces.

Ce tableau est signé en toutes lettres, de la Tour.

TOURNIERES (ROBERT). *École française.*

Caen le vit naître en 1676, et mourir en 1752. Élève de Bon-Boulogne, il s'efforça d'imiter le fini précieux des peintres flamands, sans y réussir parfaitement.

343. — Portraits d'une famille du temps

de Louis XIV, réunie à un rendéz-vous de chasse. On aperçoit un château dans le fond du paysage. Hauteur, 3 pieds 2 pouces sur 2 pieds 6 pouces.

344. — Portraits de famille dans un riche salon, au temp de Louis XIV. Fond de paysage. Hauteur, 3 pieds sur 3 pieds 9 pouces.

345. — Portraits de famille. Pendant du précédent.

Ces trois tableaux offrent des détails d'un fini précieux et d'un coloris très-flatteur. Ces trois tableaux sont signés.

VALENTIN (Moise). *École française.*

Les Bretons le réclament comme né à Quimper. Généralement, on le dit né à Coulommiers, dans la Brie, vers 1600, et mort à Rome en 1632. Elève de Simon Vouet et du Caravage, dont il imita la manière. Sa couleur est belle, son dessin peu correct; mais la lumière, disposée avec intelligence dans ses tableaux, produit le plus grand effet.

346. — Souper des pélerins d'Emmaüs Tableau capital de ce maître, et un des

plus remarquables de la collection. Hauteur, 6 pieds sur 4 pieds 6 pouces.

VAN BLOEMEN (JEAN-FRANÇOIS).

Surnommé Orrizzonte, pour son talent de peindre les lointains. Il naquit à Anvers en 1656, étudia son art en Italie, et mourut à Rome en 1740. La plupart de ses tableaux représentent des vues prises à Tivoli ou dans la campagne de Rome.

On lui attribue :

347. — Paysage des environs de Rome. Des bestiaux boivent à un ruisseau, sur le premier plan; on voit à gauche un bois et de grandes fabriques, dans le fond. Largeur, 2 pieds 10 pouces sur 2 pieds 2 pouces.

VAN BLOEMEN (PIERRE). *École flamande.*

Frère de Jean, surnommé Orrizzonte. Il naquit à Anvers, et probablement y mourut; les époques sont ignorées. Après avoir séjourné en Italie, il revint dans sa ville natale, où il fut directeur de l'académie de peinture en 1699. Ses ouvrages sont ingénieusement composés, ses idées étaient fécondes, et son dessin correct. Son genre était celui de Wouwermans; quoiqu'il ne l'ait point égalé, on peut dire cependant qu'il ne cède, en mérite, qu'à lui.

348. — Maréchal-ferrant. Chevaux et cavaliers près d'une porte de ville. Signé PVB. 1711. Largueur, 1 pied 5 pouces sur 1 pied 1 pouce.

349. — Cavaliers arrêtés près d'une cantine; l'un sonne de la trompette, l'autre boit et caresse la cantinière. Signé PVB. 1709. Pendant.

VAN-DE-LUYN (*Ecole flamande.*

350. — Soldats assis, et se reposant près d'une arcade. Hauteur, 1 pied 6 pouces sur 1 pied 2 pouces.

VAN DEN VELDE le jeune (GUILLAUME). *Ecole hollandaise.*

Né à Amsterdam en 1633, mort à Londres en 1707, élève de son père Guillaume Van Den Velde, excellent peintre de Marine. On estime, dans le fils, sa couleur transparente et dorée, ainsi que sa touche légère.

351. — Marine hollandaise (sur bois). Largeur, 1 pied 2 pouces sur 1 pied.

VANDERMEULEN (Antoine-François).
École flamande.

Né à Bruxelles en 1634, mort à Paris en 1690. Pierre Snayers, peintre de batailles très-renommé, fut son maître. Colbert le fit venir en France, et le logea aux Gobelins. Chargé de peindre les campagnes de Louis XIV, il le suivit dans toutes ses conquêtes. On remarque dans tous les tableaux de ce maître une grande fidélité de costumes et une ressemblance parfaite dans les figures principales; il dessinait bien, surtout les chevaux; son paysage est frais, sa touche spirituelle, et son coloris moins vigoureux que suave, et plein d'harmonie. Martin l'aîné et Martin jeune, Baudouin, Le Comte, furent ses principaux élèves.

352. — Investissement de Luxembourg.

C'est le petit tableau de celui qu'on voit au Musée de Paris. Largeur, 4 pied 8 pouces sur 3 pieds 8 pouces.

353. — Chasse au taureau dans la forêt de Fontainebleau. Largeur, 2 pieds 2 pouces sur 1 pied 9 pouces.

VAN-GOYEN (Jean).

Naquit à Leyden en 1596, fut élève de différents maîtres, et eut pour dernier Van-den-Velde. Il règne partout dans ses ouvrages une touche facile et expéditive. La couleur en est grise, ce qui tient au bleu d'Harlem qu'il employait, et qui s'est évaporé.

354. — Marine. Une tempête. Des barques assaillies par un coup de vent paraissent gagner un port pour s'y refugier; des hommes placés sur une digue se disposent à donner des secours. Largeur, 1 pied 10 pouces sur 1 pied 2 pouces.

VANDICK (Antoine). *Ecole flamande.*

Né à Anvers en 1599, reçut les premières leçons de Van Balen, puis entra dans l'école de Rubens, à 20 ans; il partit

pour l'Italie. Son goût pour les ouvrages du Titien et du Véronèse, le retint long-temps à Venise, d'où il se rendit à Gênes, à Rome, revint à Gênes, et l'amour du pays le ramena en Flandre. Bientôt sa réputation égala son talent, et le surnom de prince de la peinture, qui lui fut donné, principalement pour le portrait confirma la supériorité de ses ouvrages. Il mourut à Londres en 1641. Il avait voyagé en France. Il fit quelques élèves, parmi lesquels on compte le Benedette, Haneman de la Haye, Fouchier de Berg-op-Zoom.
De son école :

355. — St.-Sébastien percé de flèches, des soldats le regardent avec intérêt. La finesse de la touche, la transparence des teintes, l'expression du personnage principal, placent ce tableau dans un rang distingué (Peint sur bois). Hauteur, 3 pieds 5 pouces. Largeur, 2 pieds 4 pouces.

356. — Elévation en croix. Ouvrage d'un grand caractère, d'un beau dessin et d'une bonne couleur. Hauteur, 12 pieds. Largeur, 8 pieds.

357. — Le Christ en croix, la Made-

leine baise les pieds du Sauveur. Esquisse sur bois. Hauteur, 1 pied 4 pouces. Largeur, 1 pied.

VAN-EYCK élève de son père, naquit dans la petite ville de Maascyk en 1370. Il est mort fort âgé à Bruges. C'est à lui que nous devons la peinture à l'huile.

358. — On croit que le sujet de ce petit tableau, est Philippe-le-Bon, duc de Bourgogne, comte de Flandres, qui consulte une diseuse de bonne-aventure. Hauteur, 8 pouces. Largeur, 11 pouces.

VANLOO (Louis-Michel).

Né à Toulon en 1707, mort à Paris en 1771, fils et élève de Jean-Baptiste Vanloo.

On le connait sous le nom de Vanloo d'Espagne, parce qu'il fut peintre de Philippe V.

359. — Portrait d'un homme d'épée, cuirassé et décoré de l'ordre de St-André de Russie. Hauteur, 2 pieds 9 pouces sur 2 pieds 2 pouces.

VAN-THIELEN (Jean-Philippe). *Ecole flamande.*

Né à Malines en 1618, où il mourut en 1667. Elève et ami de Daniel Seghers, bon peintre de fleurs; il partagea ses succès en ce genre. Les figures qu'il introduisit quelquefois dans ses tableaux, ont été peintes par Corneille Poelemburg.

360. — Médaillon formé de fleurs variées; on voit au centre l'amour tenant son arc et regardant une flèche. Hauteur, 10 pouces 6 lignes. Largeur, 9 pouces.

OTTO VOENIUS (Octave Van Veen). *Ecole hollandaise.*

Né à Leyde en 1556, mort à Bruxelles en 1634. Il fut élève de Jean-de-Winghen, continua ses études à Liège et se rendit à Rome, à l'âge de 18 ans. Sept ans passés en Italie perfectionnèrent son talent et le firent connaître, après quoi il se rendit en Allemagne, où les principaux souverains l'employèrent. Enfin, il s'établit à Bruxelles. Ce peintre donnait de la grace à ses têtes, son dessin était correct principalement dans les extrémités, ses figures ont de l'expression. Ses ouvrages sont d'un fini précieux et d'une couleur flatteuse.

361. — Ste.-Famille. L'enfant Jésus étendu sur les genoux de la Vierge caresse St.-Joseph. Hauteur, 3 pieds sur 2 pieds 5 pouces.

Ce beau tableau représente une scène charmante, pleine de sentiment. L'exécution en est soignée et d'un fini remarquable.

De son école:

362. — La Vierge tenant l'enfant Jésus debout et vêtu d'un simple tissu de lin (sur bois). Hauteur, 3 pieds sur 2 pieds 3 pouces.

VERNET (Joseph). *École française.*

Né à Avignon en 1712, mort à Paris en 1786. Il fut élève d'Adrien Manglard, de Lyon, excellent peintre de marine. Un long séjour en Italie développa son génie pittoresque. Le beau ciel de ce pays favorisé, l'aspect des bords de la Méditerranée, l'exemple des grands maîtres, et une étude assidue de la nature, contribuèrent à former un peintre du premier ordre dans son genre. Le chevalier Volaire fut son élève.

363. — Marine vue entre deux rochers. Ce tableau a été peint en Italie, lorsque Vernet cherchait à imiter Salvator Rosa. Largeur, 3 pieds sur 2 pieds 4 pouces.

364. — Marine; coup de vent: plusieurs embarcations viennent se briser contre un rocher. Hauteur, 2 pieds 1 pouce; largeur, 2 pieds 11 pouces.

Dans sa manière :

365. — Vue d'un port de la Méditerranée, soleil couchant. Largeur, 3 pieds; hauteur, 2 pieds 3 pouces.

366. — Vue d'un port de la Méditerranée, soleil levant. Hauteur, 1 pied 6 pouces; largeur, 1 pied 11 pouces.

PAUL VERONESE (Paul Cagliari de Vérone). *École vénitienne.*

Né à Vérone en 1532, et mort à Venise en 1588. Elève de son oncle Badile, peintre de Vérone, qui avait beaucoup de réputation. Un séjour à Rome, qui lui permit de voir les statues antiques et les ouvrages de Raphaël, acheva de le former. Ce peintre est célèbre par la beauté de son coloris, par la majesté de ses compositions et le choix de ses sujets. Comme il était habile en architecture, les fonds de ses tableaux en sont généralement ornés, ce qui leur donne un caractère de grandeur et de pompe qu'aucun peintre n'a égalé.

367. — Portrait de femme ayant une fraise; son juste-au-corps est en velours brodé en or. Hauteur, 1 pied 8 pouces sur 1 pied 2 pouces. Ce beau portrait offre toutes les richesses de la palette.

368. — Général rendant compte d'une mission à son souverain. Esquisse d'une belle ordonnance, et finement peinte. Largeur, 1 pied 2 pouces sur 10 pouces. Gravé.

369. — Mercure frappant Aglaure de son caducée. Hauteur, 4 pieds sur 2 pieds 10 pouces. Bel ouvrage.

Hersé, fille de Cecrops, revenant un jour du temple de Minerve, attira les regards de Mercure, qui vint la demander en mariage. Aglaure, sœur d'Hersé, jalouse de cette préférence, troubla les amours du dieu, qui la frappa de son caducée et la changea en pierre.

370. — Noces de Cana, exactement la répétition du tableau du Musée Royal, lequel avait été fait pour le réfectoire de Saint-Georges, majeur du palais Saint-Marc, à Venise. Transporté en France après la conquête de l'Italie, il y serait retourné en 1815, si son état de dégradation eût pu supporter le déplacement.

Notre tableau est donc doublement précieux, puisqu'on peut le considérer comme une répétion faite par l'auteur lui-même, ou au moins faite dans son atelier et retouchée par lui. Le caractère original se montre partout dans ce bel ouvrage.

Dans cette vaste composition, qui fourmille d'anachronismes, l'habile peintre s'est plu à rappeler les traits des principaux personnages de son temps et de ses amis. Nous en citerons quelques-uns conservés par la tradition.

Le premier, en commençant par la droite du tableau, est don Alphonse d'Avalos, marquis da Guasto. L'épousée, derrière laquelle on aperçoit un fou, est

Eléonore d'Autriche, sœur de Charles V et femme de François I.er, qu'on voit lui-même auprès d'elle, bizarrement vêtu. Après lui, Marie, reine d'Angleterre. Celle qui se nettoie les dents, Vittoria Colonne, femme du marquis de Pescaire. Soliman II, empereur des Turcs, s'aperçoit après le nègre qui parle à un serviteur; le personnage un peu plus loin, et vu de profil, est Charles V, il porte l'ordre de la Toison-d'Or. Vers le centre et sur le devant du tableau, on voit parmi les musiciens les peintres vénitiens les plus renommés de son temps: il s'est peint lui-même en habit blanc, jouant du violoncelle; le Tintoret est derrière lui. De l'autre côté on reconnaît le Titien, jouant de la basse, et Benoit Cagliari, frère de Paul Veronese, debout et vêtu magnifiquement, tient une coupe remplie vin. Hauteur, 4 pieds 10 pouces sur 6 pieds 6 pouces.

Copié d'après lui:

371. — Mercure, Hersé et Aglaure. Largeur, 5 p.; hauteur, 8 p.

Les originaux de ce tableau servaient de dessus de porte au Palais Royal, chez le duc d'Orléans.

372. — Esquisse d'une partie du tableau du repas chez Lévi, qu'on voit au Musée Royal. Hauteur, 2 pieds 2 pouces sur 1 pied 10 pouces.

VIGNON le père (CLAUDE). *Ecole française.*

Né à Tours en 1593. Mort en 1670. Professeur à Paris. Bon peintre d'histoire et bon coloriste. Il semblait prendre pour modèle l'école vénitienne, il faisait vite et bien.

373. — Jésus lavant les pieds de ses disciples. Bon ouvrage, composé dans la manière vénitienne. Il finissait quelquefois davantage que ne l'est celui-ci. Largeur, 3 pieds 6 pouces ; hauteur, 2 pieds 8 pouces. *Signé* C. Vignon. 1633.

VISO (A. S.) Vivait dans le XVII.ᵉ Siècle.

374. — La Vierge et l'enfant Jésus, elle tient le pied gauche de son fils. Hauteur, 2 pieds sur 1 pied 6 pouces. *Signé* A. S. Viso. 1690.

VIVIANI (Ottavio). *Ecole romaine.*

Il vivait vers la fin du XVII.e siècle. On le cite pour son savoir en perspective et son goût pour rendre avec vérité les monuments d'architecture.

375. — Palais et ruines antiques. Personnages analogues. Largeur, 1 pied 1 pouce sur 10 pouces.

A le mérite du genre :

376. — Vue du château Saint-Ange à Rome. Autrefois tombeau d'Adrien. Largeur, 1 pied sur 8 pouces de hauteur.

VOLAIRE (Le Chevalier). *Ecole française.*

Elève du fameux Joseph Vernet.

377. — Eruption du Vésuve. Vue de Portici. Composition vaste et bien entendue. La description de ce bel ouvrage demanderait presque un volume. Cette scène effrayante est représentée fidèlement. Le site du pays, le costume des habitants et leur terreur, leur dévotion à Saint-Janvier, tout est rendu avec vérité. Largeur,

7 pieds sur 4 pieds. *Signé* le chevalier Volaire.

VOS (Martin de). *Ecole flamande.*

Né à Anvers en 1519. Mort en 1564. Travailla d'abord sous Franc Floris, dont il imita la manière, que bientôt il abandonna pour étudier l'école vénitienne.

378. — Noces du fils de Tobie. Peint sur bois. Largeur, 3 pieds 2 pouces sur 1 pied 9 pouces. Ce tableau, dont la gravure existe, est dans sa première manière, la couleur en est fine et harmonieuse.

379. — Pan et Syrinx. Copie d'un tableau qu'on voyait autrefois au Palais royal. Largeur, 10 p.; hauteur, 7 p. Martin de Vos l'avait peint à son retour d'Italie.

VOS (Simon de).

Né à Anvers en 1603. Sa mort, inconnue, ainsi que son maître et ses élèves.

380. — Portraits d'une famille, les hommes. Peint sur bois. Hauteur, 5 pieds, largeur, 2 pieds.

381. — Portraits d'une famille, les femmes. Peint sur bois. Hauteur, 5 pieds; largeur 2 pieds.

On ne saurait mieux rendre la nature.

VOUET (Simon).

Né à Paris en 1582, où il mourut en 1641. Elève de son père (Laurent), artiste sans talent, étudia à Venise et à Rome, où il fut prince de l'Académie. Regardé généralement comme fondateur de l'école française. Le Brun, Mola, Mignart, Aubin et Claude Vouet, et la plupart des peintres distingués du XVII.e siècles, furent ses élèves.

382. — Apothéose de St.-Eustache. Hauteur, 8 pieds 5 pouces. Largeur, 7 pieds 2 pouces.

383. — La paix, figure allégorique. Hauteur, 5 pieds. Largeur, 4.

Ce tableau, dans sa 3.e manière, est d'un ton gris peu agréable.

384. — Portrait en pied de Suger, abbé de St.-Denis, dans le XII.e siècle. Il lit une lettre qu'il tient de la main gauche. Hauteur, 7 pieds sur 4 pieds 6 pouces.

Ce portrait figurait dans la galarie du cardinal de Richelieu. L'abbé Suger fut appelé au conseil de Louis VI, dit le Gros, et s'opposa constamment à la croisade que prêchait et qu'obtint St.-Bernard, Régent du royaume pendant l'absence de Louis VII, dit le Jeune; il gouverna avec économie et sagesse. Prévoyant les malheurs qu'amènerait le divorce de ce roi avec Eléonore, il s'y opposa constamment, et mourut trop tôt pour consolider le rapprochement des deux époux.

385. — Salutation angélique, petit tableau charmant. La Vierge est un modèle de grace. Hauteur, 1 pied 7 pouces sur 1 pied 2 pouces.

VOUET (Aubin), frère et élève, du précedent, qu'il aidait dans ses travaux.

386. — Un moine ressuscitant un mort. Tableau capital de ce maître qui travailla rarement seul, et qui, pour cette raison est peu connu. Hauteur, 4 pieds 8 pouces. Largeur, 3 pieds 5 pouces.

ZORG (Henry KOKES surnommé).

Né à Rotterdam en 1621, mort en 1682.
Un des meilleurs élèves de David Teniers.

387. — Vieillard caressant sa servante, et surpris par sa femme. Largeur, 1 pied 4 pouces sur 1 pied 1 pouce. Ouvrage du 1.ᵉʳ ordre dans son genre.

ZUCCHERO (Taddéo). *École romaine.*

Né dans le duché d'Urbin en 1529, mort en 1566. Il fut élève de son père Ottavino Zucchero, qu'il surpassa. Ses travaux, pour les papes Jules III et Paul IV, et ceux qu'il fit pour le cardinal Farnese témoignent de son beau talent. Ses compositions sont d'un genre élevé, son dessin est savant, et son coloris vague et léger.

On lui attribue :

388. — Tableau allégorique. Les vertus cardinales. Composition savante et grandiose. Morceau original. Hauteur, 1 pied 3 pouces sur 1 pied.

CORNEILLE DE WAEL.

Naquit à Anvers en 1594, élève de son père Jean de Wael.

389 — L'arracheur de dents. Hauteur, 13 pouces. Largeur, 1 pied 5 pouces.

Nous avons la gravure de ce tableau.

390. — Le retour de l'enfant prodigue. Hauteur, 1 pied 6 pouces. Largeur, 2 pieds.

391. — L'enfant prodigue chez des filles de joie. Hauteur, 1 pied 6 pouces. Largeur, 2 pieds.

WATEAU (Antoine). *Ecole française.*

Né à Valenciennes en 1684, mort à Nogent-sur-Seine en 1721. Elève de Gillot puis de Claude Audran. Il imitait parfaitement la nature, la touche de son pinceau est fine et spirituelle, et son coloris brillant et frais. Ses élèves J.-B. Pater et Nicolas Lancret ont imité sa manière, mais n'ont point égalé leur maître.

392. — Arlequin dans une cariole traînée par un âne, rencontre Pantalon, Pierrot et Colombine, Bon Wateau. Largeur, 2 pieds 6 pouces sur 1 pied 11 pouces.

Wateau fils du précédent.

393. — Fantassins en marche. Hauteur, 1 pied 8 pouces sur 1 pied 5 pouces.

WINANTS (Jean).

Né à Harlem vers 1600, sa mort est inconnue. Adrien Van den Velde et Philippe Wouwermans furent ses élèves.

On lui attribue :

394. — Paysage pris sur les bords du Rhin.

395. — Autre pris sur les bords du Rhin. Pendant. Hauteur, 1 pied 1 pouce sur 1 pied 2 pouces.

WINCKENBOOMS (David). *Ecole flamande.*

Elève de R. Savery et de Breughel, il naquit à Malines en 1578, et vivait encore en 1604. Elève de son père, il peignait presque tous les genres avec succès. Sa touche était fine, légère, et son coloris remarquable.

396. — Paysage. Des voleurs attaquent et dépouillent des voyageurs au milieu d'une forêt. Tableau finement peint (sur bois). Il porte la date de 1603. Largeur, 1 pied 4 pouces sur 10 pouces.

WOUWERMANS (Philippe). *Ecole hollandaise.*

Né à Harlem en 1620, où il mourut en

1668. Elève de Jean Winants, peintre célèbre dont il imita la manière, mais qu'il surpassa dans le dessin. Il excellait à peindre les chevaux; sa couleur est claire, légère et transparente, son pinceau flou et moëlleux. Ce maître est regardé comme un des premiers de l'école hollandaise. Son fils fut son élève, ainsi que Jean Griffier.

397. — Un cavalier en observation sur une petite île. Au loin, on attaque un pont. Hauteur, 9 pouces sur 7.

Cet ouvrage est peint dans sa première manière, qu'on préfère à la seconde, qui est un peu grise.

WOUWERMANS, frère du précédent,
(*École hollandaise*).

Il n'égala jamais son frère; sa touche est plus sèche, et sa couleur moins transparente.

398. — Un cavalier fait boire son cheval, un autre donne l'aumône. Hauteur, 9 pouces sur 10. Bien jolie production.

ÉCOLE ESPAGNOLE.

399. — Saint Jérôme repentant ; il a les yeux fixés sur un Christ. Hauteur, 3 pieds 10 pouces sur 3 pieds 2 pouces.
Tableau d'un bon maître.

ÉCOLE FRANÇAISE.

400. — Portrait d'homme vêtu de noir, collet blanc. Hauteur, 8 pouces sur 6.

401. — L'Ange gardien. Un jeune enfant, prêt à quitter la terre sous la conduite d'un Ange, est effrayé par Satan, qui voudrait le saisir. Hauteur, 3 pieds 1 pouce ; largeur, 2 pieds 8 pouces.

402. — Portrait de Gaston de Renty (sur bois). Hauteur, 1 pied 1 pouce sur 10 pouces.

403. — Grand paysage, Chasse au cerf dans une forêt ; personnages costumés historiquement. Cet ouvrage est traité en ébauche par un bon peintre. Hauteur, 3 pieds 4 pouces sur 4 pieds 4 pouces. Attribué à Valencienne.

404. — Beau portrait d'un magistrat du temps de Louis XIV. Cet Ouvrage pourrait être de Rigaud. Hauteur, 2 pieds 6 pouces sur 2 pieds.

405. — Portrait d'une dame vêtue de noir, manches blanches bouffantes; elle tient un éventail. Hauteur, 2 pieds 2 pouces sur 1 pied 11 pouces.

406. — Portrait d'un docteur en médecine; le livre qu'il feuillete est appuyé sur une tête de mort. Hauteur, 3 pieds 6 pouces; largeur, 2 pieds 6 pouces.

407. — Portrait d'une belle dame de la cour de Louis XIV, manches à volants de dentelle. Hauteur, 2 pieds 4 pouces sur 2 pieds.

408. — Portrait d'une jeune et belle femme blonde de la cour de Louis XIV, ayant des fleurs dans les cheveux. Hauteur, 2 pieds 4 pouces sur 2 pieds.

409. — Portrait d'une jeune et belle femme brune, ayant des fleurs dans les cheveux. Hauteur, 2 pieds 4 pouces sur 2 pieds.

Ce dernier portrait parait être plus moderne : tous quatre, très-beaux, font pendant.

410. — Portrait d'une femme sur le retour ; un voile noir couvre en partie ses cheveux. Bon portrait, bien modelé, digne de Rigaud, ou de Largilloire. Largeur, 1 pied sur 1 pied 2 pouces.

411. — Pape écrivant un ouvrage ; un Ange tient sa croix papale. Hauteur, 4 pieds 2 pouces sur 3 pieds.

412. — Le dimanche des Rameaux. Hauteur, 9 pieds 6 pouces sur 6 pieds.

413. — L'Ange indiquant à Agar une source d'eau vive (sur bois). Largeur, 1 pied sur 9 pouces.

414. — Sainte-Agnès (sur bois), tableau rond de 4 pouces 6 lignes.

415. — Portrait d'une jeune fille peintre (sur cuivre). Tableau moderne appartenant à l'école de la fin du XVIII.ᵉ siècle.

416. — Jeune femme ayant les épaules nues, tenant un vase de fleurs, et sentant un œillet. Hauteur, 3 pieds 6 pouces sur 2 pieds 8 pouces.

417. — Grand paysage, un chemin circule sous des arbres. Personnages. Largeur, 4 pieds sur 3 pieds.

418. — Saint-Vincent-de Paul tenant ses fers (sur cuivre). Octogone. Hauteur, 4 pouces sur 3.

Attribué à Natoir :

419. — Didon se donnant la mort. Jolie esquisse d'un plus grand tableau. Hauteur, 2 pieds 5 pouces sur 1 pied 10 pouces.

420. — Portrait de Philippe Duplessis-Mornay (sur bois), fait en manière d'ébauche par un habile homme.

421. — Portrait d'un jeune enfant. Hauteur, 6 pouces sur 5.

422. — Berger endormi, bœufs, moutons, etc. Largeur, 1 pied sur 8 pouces.

423. — Paysage ; figures.

424. — Paysage, chartreux. Pendant. Largeur, 1 pied 1 pouce sur 8 pouces.

425. — Portrait d'une vieille dame tenant un livre à fermoirs. Hauteur, 2 pieds 2 pouces sur 1 pied 6 pouces.

426. — Sainte-Madeleine mourante, soutenue par deux anges, tandis que d'autres lui montrent son nom inscrit dans le livre des élus. Hauteur, 2 pieds 6 pouces sur 1 pied 11 pouces.

427. — Vue de Rome. Arc de Titus, avec le couvent de Saint-François et un bout du colisée dans le fond.

428. — Vue de Rome. Ruines du temple de la Paix. Pendant de l'autre. Largeur, 2 pieds 10 pouces sur 2 pieds 2 pouces.

429. — Un épagneul près d'un coussin. Largeur, 1 pied 7 pouces sur 1 pied 4 pouces.

430. — Petite marine. On carêne une galère. Esquisse dans le genre de Salvator. Largeur, 1 pied 3 pouces sur 1 pied.

431. — Arras rouge sur son bois, fond de paysage. Largeur, 2 pieds 4 pouces sur 1 pied 10 pouces.

432. — (D'après Callot.) Pellerins, joueurs de vielle, etc. Hauteur, 2 pieds sur 1 pied 3 pouces.

433. — Gueux, mendiant. Pendant du précédent.

434. — Diane poursuivant un cerf. Largeur, 2 pieds 3 pouces sur 1 pied 5 pouces.

435. — Tête de sacrificateur (étude). Hauteur, 1 pied 4 pouces sur 1 pied 1 pouce.

436. — Portrait de Nicolas Poussin à l'âge mûr (ébauche). Hauteur, 1 pied 3 pouces sur 1 pied.

437. — Paysage. Vénus et Adonis. Ouvrage fort agréable. Imitation de l'Albane. Largeur, 2 pieds 6 pouces sur 1 pied 8 pouces.

438. — Sainte-Famille en repos. Saint-Joseph et un ange cueillent des fruits pour l'enfant Jésus. Hauteur, 2 pieds sur 1 pied 6 pouces.

439. — Vision de Saint-François; il aperçoit Saint-Bernard porté par des anges qui lui montrent le chemin du ciel. Esquisse. Hauteur, 2 pieds 3 pouces sur 1 pied 11 pouces.

440. — Chasse d'un cerf qui s'était réfugié dans les carrières de Montmartre. Scène aux flambeaux fort bien rendue. La livrée des chasseurs est celle de la maison de Condé ; c'est aussi un peintre du prince de Condé qui en est l'auteur : son nom est ignoré. Largeur, 2 pieds 8 pouces sur 2 pieds 2 pouces.

441. — Scènes populaires de carnaval du temps de Louis XIV,

442. — Scènes populaires de carnaval, pendant du précédent. Largeur, 2 pieds 2 pouces sur 1 pied 10 pouces.

443. — Sauteurs et danseurs de corde à la foire Saint-Germain. Hauteur, 2 pieds sur 1 pied 6 pouces.

444. — Raisins dans un vase d'or. (Bois.) Ovale de hauteur, 1 pied 10 pouces sur 1 pied 5 pouces.

445. — Raisins dans un vase d'or, citron et couteau dans une assiette, verre renversé, jatte de porcelaine avec pâtisserie. Pendant du précédent.

446. — Cavaliers turcs en marche vers une ville.

447. — Combat de cavaliers chrétiens et turcs.

Ces deux tableaux, peints sur cuivre, ont 8 pouces de haut sur 1 pied, et font pendants.

ÉCOLES HOLLANDAISE, FLAMANDE ET ALLEMANDE.

448. — Pysage. Vue prise en Italie.

Largeur, 2 pieds 1 pouce sur 1 pied 6 pouces.

449. — Marine au clair de lune. Bien beau tableau, malheureusement poussé au noir. Largeur, 1 pied 7 pouces sur 1 pied 4 pouces.

450. — Paysage. Vue prise sur les bords de la Méditerranée. Un berger conduit un troupeau, des galères et autres bâtiments se voient près du rivage. Belle composition d'un bon effet, la couleur en est satisfaisante, quoique manquant de chaleur. Hauteur, 2 pieds 11 pouces; largeur, 3 pieds.

451. — Sainte-Hélène en contemplation devant la croix que soutiennent plusieurs anges. Hauteur, 2 pieds 2 pouces sur 1 pied 8 pouces.

452. — Conversion de Saint-Mathieu (sur cuivre). Largeur, 1 pied 2 pouces sur 10 pouces.

453. — Repas chez Simon (sur cuivre). Largeur, 1 pied 2 pouces sur 10 pouces.

Tableaux précieux par leur fini, leur conservation.

454. — Un coq, deux poules et un pigeon dans une corbeille.

455. — Une poule défendant ses poussins contre un petit chien.

Ces deux jolis tableaux font pendant, et sont signés P. V. B. 1612. Largeur, 1 pied 11 pouces sur 1 pied 8 pouces.

456. — Un coq et deux poules. Largeur, 2 pieds sur 1 pied 6 pouces.

457. — Roses, anemones, tulipes, pervenche, soucis, etc. Hauteur, 2 pieds 4 pouces sur 1 pied 9 pouces.

458. — Sainte-Madeleine, couchée sous des rochers, et contemplant le ciel (sur cuivre). Largeur, 8 pouces sur 6.

459. — Gens du peuple jouant aux cartes. Pochade (sur fer-blanc). Hauteur, 6 pouces sur 4 1|2.

460 et 461. — Deux tableaux de fleurs disposées en guirlandes. Pendant (sur cuivre). Largeur, 2 pieds 6 pouces sur 2 pieds.

463. — (Ecole des Frank). Erection de la croix; sujet plein de mouvement et d'intérêt. On y remarque une touche fine et une jolie couleur (sur bois). Hauteur, 1 pied 8 pouces sur 1 pied 3 pouces.

464. — (Genre Vanderwerf). Portrait

de Louis XIII, jeune homme. Riche pourpoint de satin blanc brodé en or, cordon bleu de l'ordre du Saint-Esprit. Excellent portrait fort ressemblant, et peint avec soin. Hauteur, 1 pied 5 pouces sur 1 pied 2 pouces.

465. — Oiseaux morts. Becasses, piverts, canard, etc. Largeur, 1 pied 9 pouces sur 1 pied 6 pouces, par Jacquet.

466. — Prunes dans un plat de porcelaine (sur cuivre). Largeur, 11 pouces sur 8.

467. — (Genre de Pierre Breughel.) Scène d'hiver. Patineurs sur un canal (sur bois). Largeur, 11 pouces sur 8.

468. — Un chien qui vient de renverser un panier de petits pains. Hauteur, 2 pieds 10 pouces sur 2 pieds 2 pouces. (Genre de Bredacl.)

469. — Tentation de Saint-Antoine. Hauteur, 1 pied 3 pouces sur 1 pied.

470. — Livres, écritoires, plumes, etc. (sur bois). Largeur, 1 pied 6 pouces sur 1 pied 3 pouces.

471. — (École de Rubens.) Différentes

études de figures (sur bois). Largeur, 1 pied 2 pouces sur 8 pouces.

472. — Fleurs. Roses, anemones, tulipes, œillets, dans un vase. Hauteur, 1 pied 4 pouces sur 1 pied.

473. — (Genre de Lenain.) Intérieure. Scène de famille. Une vieille femme fait manger une petite fille, une autre fourbit un vase sur le fond d'une barrique. Largeur, 2 pieds 5 pouces sur 2 pieds. Excellent tableau de genre.

474. — Intérieur d'une tabagie. Fille en chapeau à plumes, attablée avec des hommes, dont un l'engage à boire. Signé P. Hauteur, 2 pieds 6 pouces sur 2 pieds.

475. — Kermese, ou fête flamande dans le genre de Teniers. Largeur, 2 pieds 1 pouce sur 1 pied 8 pouces.

476. — Un homme monté sur un cheval attelé à un chariot couvert, arrêté à la porte d'un cabaret de village, reçoit de l'hôtel un verre de vin rouge. Buveurs, etc. Bien bon tableau rappelant J. Ottade, mais moins fin. Largeur, 2 pieds 1 pouce sur 1 pied 8 pouces.

477. — Décolation de St.-Jean-Baptiste

(bois) copie d'un tableau d'Albert Durer, peint en 1510. Largeur, 1 pied 4 pouces sur 1 pied 1 pouce.

Attribué à Albert Durer :

478. — La Vierge et l'enfant Jésus. Deux anges en adoration (bois). Hauteur, 1 pied 6 pouces sur 1 pied 2 pouces.

479. — La Vierge caressée par l'enfant Jésus (bois). Hauteur, 2 pieds 3 pouces sur 1 pied 7 pouces.

479. — Jésus en croix entre les deux larrons (sur bois). Ouvrage d'une grande finesse et d'une couleur naturelle. Hauteur, 1 pied 8 pouces sur 1 pied 3 pouces.

Attribué à Jean Steen :

480. — Buveurs à table. Largeur, 2 pieds sur 1 pied 3 pouces.

481. — Un Polonais offrant à une jeune dame un écrin pour la séduire. L'effet de lumière fort naturel. Largeur, 1 pied 4 pouces sur 1 pied 3 pouces.

ÉCOLE D'ITALIE.

482. — Très-beau portrait qu'on croit

être celui du Bramante (François Lazzari), célèbre architecte, oncle de Raphaël, et l'un de ses protecteurs auprès de Jules II.

483. — Vue du palais de la reine Jeanne, qu'on voit près de la Mergellina à Naples. Réception solennelle d'une reine arrivant par mer. Largeur, 5 pieds; hauteur, 3 pieds. (*Ecole napolitaine.*)

484. — Les quatre docteurs discutant sur le texte des livres saints. Largeur, 6 pieds sur 4 pieds. Beau tableau du bon temps de la peinture, il offre des détails remarquables. Ce tableau et le suivant pourraient être de Solimène.

485. — Les quatre Evangelistes; pendant du précédent.

486. — Sainte Catherine, demi-figure. Elle montre du doigt une inscription. Hauteur, 2 pieds sur 1 pied 5 pouces.

Ce tableau capital de l'école lombarde, dont l'auteur nous est inconnu, est du style le plus noble et le plus gracieux. La tête de la sainte a le plus grand caractère, et le coloris qui offre les tons les plus francs et les plus vifs, peut être cité pour un modèle d'harmonie.

487. Marine. Vue de la mer entre deux rochers. On reconnaît un bon maître à la manière dont ce tableau est touché. Largeur, 1 pied 9 pouces; hauteur, 2 pieds 1 pouce.

488. — La Vierge, l'enfant Jésus et Sainte-Catherine de Sienne. Mariage mystique. Hauteur, 1 pied 6 pouces sur 1 pied 1 pouce.

489. Saint-Jean de Dieu. Demi-figure. Le Saint porte un cilice en fer. Hauteur, 1 pied 7 pouces sur un pied 2 pouces.

490. — Portrait du pape Marcel II. C'est à tort qu'on a corrigé pour mettre Martin IV. Hauteur, 2 pieds sur 1 pied 4 pouces.

Marcel Cervius, successeur du pape Jules III, fut élu en 1555. Ennemi du népotisme et du luxe, il ne permit pas à ses parents de venir à Rome. Avant son pontificat, il avait été un des présidents du concile de Trente.

491. — Tableau de fruits et fleurs. Cerises, limons, tulipes, etc. Hauteur, 3 pieds 2 pouces sur 2 pieds 4 pouces.

492. — Tableau d'oiseaux. Coq, poule,

paon et pigeons. Hauteur, 3 pieds 3 pouces sur 2 pieds 5 pouces.

Ce doit être un ouvrage de Bonzel, de Parme.

493. — Femme arrangeant des fleurs dans un vase. Fond de paysage orné d'un monument d'architecture. Hauteur, 1 pied 11 pouces sur 1 pied 6 pouces.

494. — Sainte famille. Saint Jean-Baptiste présente la croix et autres instruments de la passion à l'enfant Jésus. Hauteur, 3 pieds 10 pouces sur 2 pieds 8 pouces.

495. — Les trois Grâces. Elles sont nues, et plus grandes que nature. Cet ouvrage où l'on remarque un dessin correct et gracieux, un coloris naturel et fin, et un pinceau moëlleux et fondu, réunit tous les genres de mérite. L'auteur est inconnu. Hauteur, 6 pieds sur 4 pieds 6 pouces.

496. — Tableau de fruits disposés dans des plats de porcelaines. Un singe mange un fruit. (Sur bois). Largeur, 4 pieds 2 pouces sur 3 pieds 2 pouces.

497. — Adoration des bergers. (Sur albâtre). Hauteur, 10 pouces sur 6.

498. — Lapidation de Saint-Etienne.

(Sur albâtre.) Largeur, 9 pouces sur 7.

499. — Conversion de Saint-Paul (Sur albâtre). Largeur, 9 pouces sur 7.

500. — Mariage mystique de Sainte-Catherine de Sienne. Fond doré (Sur bois). Hauteur, 1 pied sur 9 pouces.

501. — Un amant tient la main de sa maîtresse. Largeur, 3 pieds sur 2 pieds 8 pouces. *Ecole vénitienne.*

502. — Un amant et sa maîtresse. Hauteur, 3 pieds sur 2.

De la même main que le précédent.

503. — Le Christ mort et descendu de la croix, figure en raccourci d'un dessin savant et noble. Ce beau morceau paraît appartenir à l'école des Carraches. Largeur, 4 pieds 6 pouces sur 3 pieds.

504. — Belle femme parlant à sa servante, et lui montrant du doigt une fiole. Largeur, 4 p.; hauteur, 3 p.

506. — Prêtre montrant un corporal sanglant. Esquisse. Hauteur, 2 pieds 11 pouces sur 2 pieds 2 pouces.

507. — Piscine miraculeuse. Copie. Largeur, 4 pieds 8 pouces sur 2 pieds 2 pouces.

508. — Saint-Sébastien, en pied. Hauteur, 6 pieds sur 2 pieds 10 pouces.

509. — Portrait d'une chanteuse italienne à la mode du XVI.e siècle: juste au corps rouge, la tête ornée d'une cocarde; elle tient un rouleau de musique. Hauteur, 2 pieds 1 pouce sur 1 pied 10 pouces.

510. — Tableau de fleurs. Corbeille de tulipes, anémones, roses, etc. Largeur, 1 pied 4 pouces sur 1 pied 1 pouce.

511. — Tête de Christ, couronnée d'épines. Hauteur, 1 pied 3 pouces sur 10 pouces.

512. — Sainte-Thérèse en extase, recevant le trait de l'amour divin. Esquisse. Hauteur, 1 pied 4 pouces sur 1 pied.

513. — Jésus en croix. Hauteur, 1 pied 3 pouces sur 11 pouces.
Ce petit tableau sort de l'école des Carraches.

514. — L'amour, demi-figure. Carré d'un pied.

515. — Saint-Sébastien, vu de profil et à mi-corps. Hauteur, 3 pieds sur 2 pieds 2 pouces.

516. — Jeune fille joignant les mains et levant les yeux au ciel. Hauteur, 1 pied sur 9 pouces.

517. — Fuite en Égypte. Hauteur 1 pied 3 pouces sur 11 pouces.

518. — Saint-Marc composant son évangile. Largeur, 1 pied 1 pouce sur 1 pied 4 pouces.

519 — Raisins, figues, passe-musqués, etc. Hauteur, 1 pied 2 pouces sur 1 pied. Excellent tableau de genre.

520. — Enfant apportant des fleurs à une belle femme demi-nue. C'est une image du printemps. Largeur, 4 p. sur 3 p.

521. — Apothéose de Jules II. Petit tableau bien composé et bien exécuté. Largeur, 1 pied 5 pouces; hauteur, 2 pieds 4 pouces.

522. — Portrait d'une dame vénitienne, vêtue en rouge; bijoux en perles. Hauteur, 1 pied 11 pouces sur 1 pied 6 pouces.

523. — Portrait d'un cardinal coiffé de la barette rouge, portant moustaches et royale. Excellent portrait. Largeur, 1 pied 3 pouces sur 1 pied 11 pouces.

524. — Saint-Jérôme tenant une tête

de mort et méditant (sur bois). Bon tableau. Hauteur, 8 pouces sur 7.

525. -- Abraham, suivi d'Isaac, portant du bois pour le sacrifice (ovale sur bois). Ce tableau, sans grand mérite, est de Gobbo des Carraches. Largeur, 1 pied sur 10 pouces.

526. -- Saint-Sébastien, demi-figure. Hauteur, 3 pieds sur 2 pieds 4 pouces.

527. -- Portrait d'une femme vêtue en noir et tenant un crucifix. Hauteur, 1 pied 7 pouces sur 1 pied 1 pouce.

528. -- Christ couronné d'épines et tenant un roseau. Hauteur, 1 pied 9 pouces sur 1 pied 4 pouces.

529. — Fruits et fleurs : raisins, pêches, tulipes et anémones. Hauteur, 3 pieds sur 3 pieds 8 pouces.

530. — Paysage historique, personnages sur le devant, fond de montagne. Largeur, 4 pieds sur 3.

531. — Saint-François d'Assise rendant le dernier soupir dans les bras de deux anges. La figure du saint est fort remarquable. Hauteur, 4 pieds sur 2 pieds 6 pouces.

532. — Berger historique soufflant dans un instrument champêtre. Hauteur, 3 pieds sur 2 pieds 3 pouces.

533. — Sainte-Lucie tenant la palme du martyre; elle la montre des yeux, pour indiquer le supplice qui lui est réservé. Très-bon tableau de l'école du Dominiquin (sur bois). Hauteur, 3 pieds sur 2 pied 6 pouces.

534. — Saint-Etienne levant ses mains jointes vers le ciel. Esquisse de l'école du Veronese. Hauteur, 1 pied 11 pouces sur 1 pied 6 pouces.

535. — Saint-Jérôme croyant entendre la trompette du jugement. Bonne copie d'un tableau du Guerchin, qu'on voit au musée de Paris. Hauteur, 1 pied 11 pouces sur 1 pied 5 pouces.

536. — (De Benefiale) Baptême d'un saint. Esquisse. Hauteur, un pied 4 pouces sur 1 pied.

537. — Sainte Thérèse en extase et près de recevoir le trait de l'amour divin. Largeur, 2 pieds 2 pouces sur 1 pied 8 pouces.

538. — Jeune fille vêtue en bleu et

tenant un livre de prières. Hauteur, 1 pied 11 pouces sur 1 pied 5 pouces.

539. — Portait d'un très-jeune homme, rappelant assez un Saint-Jean. Hauteur, 1 pied 1 pouce sur 10 pouces.

540. — Un moine lisant une sentence morale en grec, un autre tenant une tête de mort et méditant. (La sentence en grec signifie : La charité et la continence purifient l'âme). Bon tableau. Largeur, 2 pieds 9 pouces sur 2 pieds.

541. — Portrait d'une jeune religieuse. Joli portrait, plein de grâce et de vérité, d'un relief étonnant. Hauteur, 1 pied sur 10 pouces.

542. — Sainte-Agathe en prison, visitée par Saint-Pierre et un ange; scène de nuit, d'un genre noble et d'une bonne couleur. Largeur, 1 pied 6 pouces sur 1 pied.

Il existait autrefois dans la galerie du prince de Condé un tableau exactement pareil, de même grandeur, mais sur ardoise; il était attribué à Alexandre Turchi, connu sous le nom d'Alexandre Veronese. Le nôtre est sûrement une bonne copie de ce tableau, ou une répétition.

543. — Vieillard d'une expression énergique, il tient une tête de mort et semble parler à quelqu'un. Cette figure, d'un grand effet, est peinte d'une manière fort originale. Hauteur, 2 pieds 4 pouces sur 2 pieds.

546. — Portrait du pape Pie V, d'après Scipion Gaëtano, célèbre peintre de portraits vers le milieu du XVI.e siècle; son véritable nom est Scipion Pulzone de Gaëte (école romaine). Hauteur, 1 pied 2 pouces sur 10 pouces.

547. — Portrait du pape Innocent XI. Hauteur, 1 pied 3 pouces sur 10 pouces.

548. — Portrait d'un pape, d'après Scipion Gaëtano. Hauteur, 2 pieds sur 1 pied 5 pouces.

549. — Portrait du pape Innocent XII (Pignatelli). Hauteur, 1 pied 6 pouces sur 1 pied 5 pouces.

550. — Saint-Simon, apôtre; il tient une scie, instrument de son martyre. Hauteur, 1 pied 11 pouces sur 1 pied 6 pouces.

551. — Adoration des bergers; fond de paysage. Largeur, 3 pieds 3 pouces sur 2 pieds 6 pouces. Ce tableau paraît être

de Francesco Torbido Veronais, dit le More, qui était élève de Giorgion.

552. — Paysage héroïque. Pan châtié par l'amour; Vénus encourage son fils. Cet ouvrage, dans le genre du Poussin, mais d'un ton plus chaud, est bien composé et largement exécuté. Largeur, 2 pieds 5 pouces sur 1 pied 10 pouces.

553. — Paysage. Homme et femme sur le premier plan, avec chèvres; fabriques dans le fond. Ce paysage, fait au premier coup, porte un grand caractère, surtout dans les personnages. On l'attribue à Benoit Lutt, habile peintre florentin, mort en 1724. Largeur, 3 pieds sur 1 pied 11 p.

554. — Vue de Rome. Au premier plan, on voit partie d'un temple d'ordre dorique; dans le fond, ruines portant une inscription. Hauteur, 1 pied 9 pouces sur 1 pied 5 pouces.

555. — Ecce Homo. (Sur bois) et octogone). Hauteur, 1 pied 2 pouces sur 1 pied. Cru de l'école de Daniel de Voltaire.

556. — Tableau allégorique, femmes, génies portant des fleurs. Largeur 1 pied 5 pouces sur 1 pied 3 pouces.

557. — Vieille femme et jeune garçon.

Elle allume à sa lanterne une chandelle. Hauteur, 1 pied 11 pouces, sur 1 pied 7 pouces.

558. — Tête d'étude. Homme chauve ayant une barbe rousse. Hauteur, 1 pied 5 pouces sur 1 pied.

559. — (Genre du Trevisan.) Saint-François d'Assise, en extase, tient une croix dans ses bras. Hauteur, 2 pieds sur 1 pied 6 pouces.

560. — Joseph racontant ses songes à ses frères. Largeur, 2 pieds 7 pouces; hauteur, 2 pieds 3 pouces.

561. — La Vierge et l'enfant Jésus, ils s'embrassent (bois). Hauteur, 1 pied 6 pouces sur 1 pied 2 pouces. Attribué à Cosino Roselli.

562. — Recollet tenant un crucifix. Portrait d'une exécution facile. Hauteur, 1 pied 7 pouces sur 1 pied 3 pouces.

563. — Tableau de fleurs, principalement d'œillets. Hauteur, 1 pied 3 pouces sur 1 pied 1 pouce. Attribué au Garofolo.

564. — Fleurs variées dans un vase doré, la base figure des griffons. Largeur, 1 pied 8 pouces sur 1 pied 5 pouces.

565. — Portrait d'un chanoine en bonnet carré, moustache et cheveux gris. Bon portrait. Hauteur, 1 pied 5 pouces sur 1 pied 2 pouces.

566. — Tête d'Ange, auréole dorée. Hauteur, 2 pieds sur 1 pied 8 pouces.

567. — Tête de Vierge, auréole dorée. Pendant du précédent.

568. — Jeune femme montrant un stigmate sanglant à un vieillard, scène de nuit habilement éclairée. Bon tableau de maître. Largeur, 3 pieds sur 2 pieds 2 pouces.

569. — Les trois jeunes gens dans la fournaise, demies figures. Largeur, 2 pieds sur 1 pied 6 pouces.

570. L'Ange et la Vierge, auréoles dorées. Largeur, 2 pieds sur 1 pied 6 pouces.

571. — La Vierge africaine. Hauteur, 1 pied 10 pouces sur 1 pied 4 pouces.

572. — La Sainte-Famille et Saint-Sébastien (Bois). Largeur, 2 pieds 4 pouces sur 1 pied 9 pouces. École vénitienne.

573. Paysage. Site des environs de Naples. Trois personnes dansent au son de la vielle près d'un lac. On aperçoit la mer. Ouvrage naïvement composé et peint avec

légèreté. Largeur, 1 pied 9 pouces sur 1 pied 3 pouces.

574. — Absalon accroché par sa chevelure. Largeur, 2 pieds 8 pouces sur 2 pieds 1 pouce. Ecoles des Carraches.

575. — Portrait de Nicolas Poussin, jeune homme. Hauteur, 1 pied 6 pouces sur 1 pied 2 pouces.

576. — Sainte famille. Saint-Jean donne un chardonneret à Jésus. Hauteur, 3 pieds sur 2 pieds 2 pouces.

577. — Intérieur d'une mosquée. Largeur, 4 pieds 2 pouces sur 3 pieds.

578. — La Vierge et l'Enfant Jésus accueillant le Petit Saint-Jean. Derrière eux Saint-Barthelemy. Cet ouvrage est d'un grand caractère et sort nécessairement de l'école de Florence (Bois). Hauteur, 3 pieds 4 pouces sur 2 pieds 6 pouces. Attribué à maître Roux.

579. — Tête de vieillard voilée. Largeur, 1 pied 5 pouces sur 1 pied 2 pouces.

580. Tête de vieille (Ebauche). (Bois). Hauteur, 10 pouces sur 8.

581. — Paysage. Tonte de moutons, le maître donne ses ordres. Scène patriar-

chale bien rendue et d'une belle couleur. Les figures et les animaux sont bien faits. Hauteur, 1 pied 6 pouces sur 2 pieds 8 pouces.

582. — Paysage. Largeur, 2 pieds 2 pouces sur 1 pied 6 pouces. Par Ricci.

583. — La Vierge au pied de la croix tient le Christ mort sur ses genoux. Ste.-Madeleine, St.-Jean. Hauteur, 2 pieds 9 pouces sur 1 pied 11 pouces.

584. — L'enfant Jésus sur les genoux de sa mère, présente une branche de lis à Ste.-Catherine d'Alexandrie. Hauteur, 3 pieds sur 2 pieds 3 pouces.

Ecole des Carraches :

585. — Jésus mort soutenu par un ange. Hauteur, 2 pieds 1 pouce sur 1 pied 6 pouces.

586. — Ste.-Famille. L'enfant Jésus dort sur sa mère qui désigne le ciel comme le véritable lieu de repos de son fils. St.-Joseph sommeille. Hauteur, 2 pieds sur 1 pied 6 pouces.

587. — Un ange ordonne à St.-Vincent de-Paule, accompagné de deux religieux de son ordre, de passer la mer et d'aller

délivrer des captifs. Hauteur, 2 pieds sur 1 pied 6 pouces.

Bon tableau, bien harmonieux.

Par BERNARDIN PASSERI, qui florissait à Rome en 1584:

588. — Vision de St.-Jérome. Des anges lui annoncent le jugement dernier. Composition pleine de vie et d'originalité. Hauteur, 1 pied 10 pouces sur 1 pied 6 pouces.

GHISI (THÉODORE). *Ecole lombarde.*
Il florissait en 1540.

589. — Venus caressant Adonis. Hauteur, 1 pied 10 pouces sur 1 pied 6 pouces.

590. — Paysage. Moine lisant, autre posant la main sur une tête de mort. Largeur, 1 pied 9 pouces sur 1 pied 6 pouces.

D'après Guerchin:

591. — Tancrede et Herminie. Largeur, 2 pieds sur 1 pied 6 pouces.

D'après Corrège:

592. — Leda. Le sujet entier se trouve au musée de Paris. Ovale, 2 pieds.

593. Paysage. Site très-accidenté, petit

monument antique au pied d'un rocher. Largeur, 1 pied 7 pouces sur 1 pied.

593 *bis*. - St.-Janvier offrant son sang à Dieu. Bon tableau. Hauteur, 1 pied 11 pouces sur 1 pied 6 pouces.

594. — St.-Jérome à genoux devant le crucifix. Fond de paysage (bois). Hauteur, 1 pied 11 pouces sur 1 pied 7 pouces.

595. - La Vierge, les mains jointes. Hauteur, 2 pieds sur 1 pied 5 pouces.

596. — Portefaix italiens faisant des ballots près d'un portique en ruines. Une belle fontaine et beaucoup de maisons annoncent une ville importante. Cette composition est pleine de mouvement, l'exécution en est lâchée. Hauteur, 1 pied 4 pouces sur 1 pied 1 pouce.

97.- Pendant du précédent, composition du même genre : on voit une tour carrée.

598. — Portrait d'une chanoinesse. La croix de l'ordre est suspendue à un double rang de perles. Hauteur, 2 pieds 1 pouce sur 1 pied 9 pouces.

599. — Paysage. Un homme et une femme sur le 1.er plan. Ciel chaud et sans nuage. Touche hardie, ouvrage d'un bon praticien. Largeur, 3 pieds sur 2 pieds 2 pouces.

600. — (De Pampino Alessandrino). Paysage à 4 plans. Composition bizarre, non sans mérite. Hauteur, 2 pieds 8 pouces sur 2 pieds 4 pouces.

601 — (De Fiamingo Schizzo). Jésus-Christ portant sa croix. Esquisse d'un grand tableau qui existait à Rome dans une chapelle de St.-Pierre *in Montorio*. Largeur, 2 pieds sur 1 pied 5 pouces.

602. — (Ancienne école d'Italie). L'enfant Jesus caressant sa mère, fond de paysage. Bon ouvrage des 1.ers temps de la peinture à l'huile. Hauteur, 1 pied 3 pouces sur 1 pied 2 pouces.

603. — (Ecole vénitienne). Adoration des Mages. Tableau bien composé, on y remarque une bonne couleur, du caractère et de la naïveté. Hauteur, 15 pouces sur 13.

OUVRAGES TRÈS-ANCIENS.

604. — Baptême de Jésus-Christ par St.-Jean, peint sur bois en détrempe (forme ogive). Hauteur, 2 pieds 10 pouces sur 1 pied 5 pouces.

605. — La Vierge morte et entourée

des Apôtres (bois). Peinture en détrempe. Hauteur, 3 pieds sur 2 pieds 3 pouces.

606. — Jésus mort et soutenu par deux Anges (bois). Largeur, 5 pieds 10 pouces sur 3 pieds 4 pouces.

607. — (Ouvrage d'un peintre grec) Madone africaine adorée par deux Anges (toile et bois). Peinture en détrempe.

608. — (Par un élève du grec Apollonius, au XIIIe siècle). Quatre sujets dans un seul cadre (bois). Peint en détrempe.

609. — (Mario Uguccione, Milanais.) Jeune religieux et saintes femmes (bois) peint en détrempe. Morceau remarquable. Largeur, 1 pied 3 pouces sur 10 pouces.

610. — Sainte-Agnès caressant l'agneau, symbole de sa pureté (sur bois et en détrempe). Hauteur, 1 pied 4 pouces sur 8 pouces.

611. — La Cène. Petit tableau très-précieux (bois); forme ogive. Hauteur, 1 pied sur 4 pouces 6 lignes.

612. — La Vierge sur son trône, entourée de St.-Michel, St.-Augustin, St.-Joseph et S.-Jean-Baptiste (bois fond doré). A la colle. Hauteur, 1 pied sur 6 pouces.

613. — St.-François d'Assise recevant les Stygmates (sur bois et à la colle). Largeur, 1 pied 8 pouces sur 6 pouces.

614. — Jésus mort et assis dans son tombeau (sur bois et à la colle). Largeur, 10 pouces sur 5.

615. — (Attribué à Dominico Ghirlandaja, en 1451). Christ en croix entre les deux Larrons. Ste.-Vierge, St.-Jean, Ste.-Marie-Madelaine; soldats (bois). Hauteur, 1 pied 7 pouces sur 1 pied 4 pouces.

ANCIENNE ECOLE DE FLORENCE.

616. — St.-Sébastien et St.-François d'Assise (peint sur bois et en détrempe). Ouvrage précieux par sa finesse et sa conservation. Hauteur, 2 pieds 3 pouces sur 1 pied 7 pouces.

617. — Evêque mitré et tenant sa crosse. Figure entière, peinte en détrempe et sur bois; fond d'or. Hauteur, 2 pieds 3 pouces sur 1 pied 2 pouces. Bel ouvrage.

618. — St.-Antoine et St.   , évêque (bois). Fond doré et forme ogive. Tableau bien précieux, exécuté en détrempe. Hauteur, 5 pieds 8 pouces; largeur, 2 pieds 2 pouces.

SCULPTURE.

STATUES.

620. — Vénus dite de Médicis, moulée sur l'antique. Hauteur, 4 pieds 8 pouces.

621. — Achille, moulé sur l'antique qu'on voit au musée du Louvre à Paris. Hauteur, 2 mètres 112. 6 pieds 6 pouces.

622. — Personnage romain en Mercure, dit le Germanicus. Statue moulée sur l'antique qu'on voit au Louvre à Paris. Hauteur, 1 mètre 796. 5 pieds 6 pouces 4 lignes.

623. — Héros, dit le Gladiateur combattant, moulé sur la statue antique qu'on voit au Louvre. Longueur, de la tête au talon, 1 mètre 990. 6 pieds 1 pouce 6 lignes.

624. — Polymnie Muse, faite à Rome par *Maximilien*, d'après celle du Vatican,

maintenant au Louvre à Paris. Statue en marbre blanc. Hauteur, 1 mètre 861. 5 pieds 8 pouces 9 lignes.

625. — Statue du jeune Hiacynte blessé par Apollon, figure inventée et exécutée par *Maximilien*, en marbre blanc ainsi que le piédestal qui est orné de fleurs portant le nom de la statue. Hauteur, 5 pieds.

626. — Groupe en marbre blanc représentant Bacchus et Ariane, copie d'après l'antique par *Maximilien*. Hauteur, 20 pouces.

627. — Madeleine pénitente, d'après celle de Canova. Grandeur naturelle.

628. — Statue de Flore, dite de Farnèse, copiée en terre cuite par *Maximilien*. Hauteur, 1 mètre, 3 pieds 1 pouce.

629. — L'Apolline, moulée sur l'original en marbre par Lamarie, qu'on voit aux Tuileries. Hauteur.

630. — Statue de Junon, copié en terre cuite par *Maximilien*, d'après l'antique. Hauteur, 2 pieds 6 pouces.

631. — Groupe d'Aria et Petus, copie en terre cuite par *Maximilien*. Hauteur, 1 pied 8 pouces.

632. — Muse, copie en terre cuite par *Maximilien*, d'après l'antique. Hauteur, 2 pieds.

633. — Muse, copie en terre cuite par *Maximilien*, d'après l'antique. Hauteur, 2 pieds.

634. — Centaure Borghèse, copie en terre cuite par *Maximilien*, d'après l'antique. Hauteur, 1 pied 8 pouces.

635. — Statue de la Victoire, en plâtre. Hauteur, 1 pied.

636. — Paris, en marbre blanc, par Giraud, pensionnaire à Rome. Hauteur, 4 pieds 2 pouces.

637. — Hiacynte mourant, par Debay fils, de Nantes, et donné par lui. Hauteur, 3 pieds.
Cette statue lui a valu le 1.er grand prix de sculpture.

638. — Guerrier combattant et recevant une blessure mortelle, par Suc, de Nantes. Hauteur, 4 pieds.

639. — Vénus accroupie, en plâtre, moulée sur l'antique. Hauteur.

640. — Minerve dite, de Velletri, moulée en plâtre sur l'antique qu'on voit au musée de Paris. Hauteur,

641. — Moïse, plâtre, moulé sur une copie du Moïse de Michel-Ange, faite par *Seglas* pensionnaire français à Rome. Hauteur, 2 pieds 6 pouces.

642. — Minerve, dite de Giustiniani, plâtre, moulée sur une copie faite par *Seglas*. Hauteur, 2 pieds.

643. — Taureau fait en plâtre, d'après nature.

644. — Vache *idem* *idem*.

TORSES, BUSTES, BAS-RELIEFS, ETC.

645. — Buste de Pie VI. Plâtre, fait à Rome par le Brun, sculpteur français. Grandeur un peu au-dessus de nature.

646. — Buste de Pie VII. Plâtre, fait par Pacetti, sculpteur romain. Grandeur naturelle.

647. — Portrait colossal de Rezzonico. Le pape Clément XIII. Plâtre, original du marbre placé sur le tombeau de ce pontife, élevé dans l'église de Saint-Pierre, à Rome, et exécuté par Canova.

648. — Portrait colossal de Washington, en terre cuite; modèle d'après nature, par Ceracchi.

649. — Portrait de Piranesi père, dessinateur et graveur, un peu plus grand que nature.

650. — Portrait de Canova. Plâtre, fait d'après nature, par d'Este.

651. — Portrait de Chaumon, peintre, ancien conservateur du musée de Rouen. Fait en terre cuite, d'après nature, par Debay père. Donné par le conservateur.

652. — Portrait de Talma dans le rôle de Néron, de Britanicus. Plâtre, fait en 1813, d'après nature, par Debay père. Donné par M. Salomon Poirier.

653. — Portrait colossal de Napoléon, en marbre blanc, fait d'après nature par Maximilien.

654. — Tête d'Auguste, enfant. Plâtre, moulé sur l'antique.

655. — Alexandre. Plâtre, moulé sur l'antique. Donné par le conservateur.

656. — Tête colossale de la Minerve de Velletri, un des premiers plâtres, moulés sur l'original antique.

657. — Tête de philosophe, plâtre moulé à Rome sur l'antique. Grandeur naturelle.

658. — Tête colossale de Jupiter Sérapis. Plâtre, moulé à Rome sur l'antique.

659. — Buste colossal de Persée. Plâtre, moulé sur l'original de Canova.

660. — Tête colossal. Plâtre, moulé sur le Génie de Canova, faisant partie du tombeau du pape Rezzonico.

661. — Torse d'Adolescent. Plâtre, moulé sur l'antique.

662 — Torse de Vénus. Plâtre, moulé sur l'antique.

663. — Tête de nymphe, en marbre statuaire, copiée à Rome d'après l'antique.

664. — Tête de la mère Niobé, en marbre statuaire, copiée d'après l'antique.

665. — Tête d'une des filles de Niobé, en marbre statuaire, copiée d'après l'antique.

666. — Tête d'une autre des filles de Niobé, en marbre statuaire, copiée d'après l'antique.

667. — Buste d'Apollon, en marbre statuaire, copié à Rome d'après l'antique.

668. — Tête de philosophe, copiée d'après l'antique.

669. — Tête de philosophe, copiée d'après l'antique.

670. — Tête de philosophe, copiée d'après l'antique.

671 —. Tête de Brutus, en marbre statuaire, copiée à Rome, d'après l'antique. Grandeur originale.

672. — Tête de Méduse, en marbre statuaire, copiée à Rome, d'après l'antique. Grandeur originale.

673. — Tête d'Isis, en marbre statuaire, copiée à Rome, d'après l'antique. Grandeur originale.

674. — Tête d'Isis, en marbre statuaire, copiée à Rome, d'après l'antique. Grandeur originale.

675. — Tête de femme, en marbre statuaire, d'après l'antique.

676. — Tête de femme, en marbre statuaire, d'après l'antique.

677. — Tête de femme, en marbre statuaire, d'après l'antique.

678. — Médaillon en bronze. Portrait d'homme.

679. — Cinq bas-reliefs en plâtre, moulés sur l'antique.

680. — Bas-relief représentant le char du soleil.

681. — Bas-relief en plâtre, de Canova. Vénus et les Graces dansant devant Mars.

682. — Vase de la *Villa Médicis*, en marbre statuaire, copié à Rome, d'après l'antique.

683. — Vase de la *Villa Borghese*, en marbre statuaire, copié à Rome, d'après l'antique.

Ces deux vases furent donnés en présent par le pape Pie VII à Cacault, notre compatriote, lorsqu'il était à Rome, chargé d'affaires de la république française près du Saint-Siége.

684. — Vase en marbre statuaire, copié d'après l'antique, trouvé dans la *Villa Adriana*, près de Tivoli, à 6 lieues de Rome, et, depuis, transporté en Angleterre par Hamilton. Grandeur originale.

685. — Cassolette en marbre statuaire, décorée de tête de béliers, copiée d'après l'antique. Diamètre, 1 pied 6 pouces.

686. — Médaillon en marbre statuaire, représentant l'Antinoüs antique de la *Villa Albani*. Copie faite à Rome.

687. — Très-belle cheminée en marbre statuaire, de 5 pieds 6 pouces de long sur 4 pieds 2 pouces de haut. L'architrave est

décorée de trois médaillons en mosaïque, représentant un chardonneret, un verdier et un pinson. Les pilastres sont incrustées d'agathe. Un chapelet de cuivre dorée entoure tous ces ornements.

688. — Autre cheminée en marbre statuaire, de 5 pieds de long sur 4 de haut. style sévère. L'architrave est ornée de bas-reliefs représentant des chimères, et suportée par deux colonnes et quatre pilastres cannelés.

689. — Table de lumachelle grise, formée en grande partie de coquilles d'huîtres. Longueur, 3 pieds 3 pouces; Largeur, 1 pied 8 pouces.

690. — Table plaquée de divers échantillons de laves, entourés de cercles de lave blanche, de marbre jaune de Siam et de marbre rouge antique. Longueur, 4 pieds sur 2.

691. — Table de porphire. Longueur, 3 pieds 3 pouces sur 1 pied 7 pouces de large.

692. — Les 4 colonnes sont, l'une en marbre jaune de Siam, et les autres en marbre brèche violette.

SUPPLÉMENT.

TABLEAUX, STATUES
ET
ORNEMENTS D'ARCHITECTURE,

ENVOYÉS AU MUSÉE DE NANTES

PAR M. THIERS,

MINISTRE DU COMMERCE ET DES TRAVAUX PUBLICS,

SUR LA PROPOSITION DE M. CAVÉ,

CHEF DE LA DIVISION DES BEAUX-ARTS AU MÊME MINISTÈRE.

SIGALON (Xavier).
Né à Uzès en 1790.

693. — Athalie faisant massacrer les princes de la race de David.

Athalie, fille de Jezabel et d'Achab, roi d'Israël, veuve de Joram, roi de Juda, après la mort de leur fils Ochosias, qui avait succédé à ce dernier, se fraya le chemin du trône, en faisant égorger tous les princes de la race royale.

Josabet, sœur d'Ochosias et fille de Joram, mais d'une autre mère qu'Athalie, au moment où l'on massacrait les princes ses neveux, trouve le moyen de sauver du milieu des morts, Joas, son neveu, encore à lamamelle. (871 ans avant Jésus-Christ). Rois, liv. IV. Chap. XI. Largeur, 18 pieds ; hauteur, 13 pieds.

Ce tableau capital, signé *Sigalon*, 1827, faisait partie de l'exposition de la même année.

Donné par le roi en 1833, pendant le ministère de M. Thiers. M. Cavé, chef de division des Beaux-Arts.

DUPRÉ.

694. Le Christ descendu de la croix. Copie d'après Fra-Bartolomeo. Hauteur, 5 pieds 6 pouces ; largeur, 6 pieds.

M. Dupré a remporté le grand prix de peinture avant de passer à l'école de Rome.

BOSIO.

695. — Henri IV enfant.
Statue en plâtre moulé sur l'original en bronze, par l'auteur. Hauteur, 4 pieds.

DEBAY fils, né à Nantes.

696. — Hercule enfant étouffant les serpents. Marbre d'après une statue antique trouvée dans les fouilles de Pompeï. Proportion, 3 pieds 8 pouces.

LESEURRE.

697. — Pâris tient encore la pomme qu'il va donner à Vénus pour prix de la beauté. Marbre d'après l'antique. Hauteur, 4 pieds 4 pouces.

JALEY.

698. — Camille, ou jeune sacrificateur romain. Statue en marbre d'après l'antique. Hauteur, 4 pieds 4 pouces.

MM. Debay fils, Leseurre et Jaley ont remporté le grand prix de sculpture à Paris avant de passer à l'école de Rome.

MOLCHNETH.

699. — A offert au Musée de Nantes un plâtre de Vénus sortant de l'onde et surprise à la vue d'Adonis, qui lui fait connaître tous les sentiments qu'elle apporte au monde.

Le marbre de cette statue a été acheté par le roi, qui en a orné sa galerie particulière. Grandeur naturelle.

COLLECTION DE FRAGMENTS D'ORNEMENTS ANTIQUES DE LA GALERIE D'ARCHITECTURE DE L'ÉCOLE ROYALE DES BEAUX-ARTS.

N.os du Musée de Nantes. / N.os du Musée Royal.

700 — 30 Rosace.
701 — 31 idem.
702 — 46 Tuile.
703 — 147 idem.
704 — 272 idem.
705 — 306 idem.
706 — 375 idem. (Fragment du temple de Jupiter à Olympie).
707 — 396 idem.
708 — 397 idem.
709 — 398 idem.
710 — 399 idem.
711 — 400 idem.
712 — 401 idem.
713 — 402 idem.
714 — 403 idem.
715 — 404 idem.
716 — 406 idem.
717 — 81 Face d'un cippe.
718 — 184 idem idem.

DE NANTES. 211

719 — {94 Pilastre arabesque.
{95 Suite du susdit pilastre.
{302 Couronnement du pilastre.

720 — {96 Grand pilastre arabesque.
{96 *bis* suite *idem.*
{96 *ter* suite *idem.*

721 — 102 Chimère ailée.
722 — 103 Griffon.
723 — 118 Petit tombeau (*grandeur ré-*
duite).
724 — 325 Tombeau de Scipion (*id.*).
725 — 125 Tête de lion et sa griffe portant.
726 — 330 Tête de chimère et sa griffe
portant.
727 — 133 Renommée par Jean Goujon.
728 — 134 *idem idem.*
729 — 136 Grand Mascaron.
730 — 138 *idem idem.*
731 — 157 Frise de Rinceaux.
732 — 164 Fragment de frise avec enfant.
733 — 358 Fragment de frise du temple
du soleil ou frontispice de
Néron à Rome.

734 — {364 1.re partie des rinceaux de la
Villa Medicis.
{365 2.e *idem idem.*
{366 3.e *idem idem.*
{367 4.e *idem idem.*

735 — 196. Une proue de vaisseau antique.
736 — 173. Bas-relief étrusque (de l'école d'Egine) de la Villa-Albane.

Ce bas relief comme les trois suivants a reçu le nom de Choragique. Tous quatre rappellent une victoire remportée par une tribu athénienne, dans le concours solemnel des chœurs de musique qui avaient lieu dans les fêtes d'Apollon et de Bacchus à Athènes.

Dans le n.° 173, on voit le temple consacré à Apollon Pythien à Athènes, où l'on célébrait les concours des chœurs; trois personnages du chœur paraissent sous les attributs d'Apollon, de Diane et de Latone. La victoire verse une libation en action de graces; le trépied, prix de cette victoire, se voit au sommet d'une colonne. Les n.°s 211, 212, 213, représentent d'autres personnages du chœur dans différents attributs (Musée Royal).

737 — 211 *idem* idem.
738 — 212 *idem* idem.
739 — 213 *idem* idem.
740 — 214 *idem* grec.
741 — 215 *idem* idem.
742 — 359 *idem* guirlande de fruits.
743 — 362 Bas-relief provenant de la Villa Albani.

Réconciliation de Xéthus avec Amphion, son frère, par l'entremise de leur mère Antiope qui les avait eus de Jupiter. L'original se voit au musée de Paris.

744 -- 363 *idem* un faune et une menade.
745 -- 179 Feuille du chapiteau intérieur du Panthéon à Rome.
746 -- 198 Tête de chimère sur angle.
747 -- 282 Figure étrusque.
748 -- 247 Chapiteau de la lanterne de Démosthène à Athènes.
749 -- 248 Entablement de ladite lanterne.
750 -- 249 1.re partie du comble. id.
751 -- 250 2.e *idem* idem id.
752 -- 251 3.e *idem* idem id.
753 -- 252 Ornement du comble. id.
754 -- 253 1/2 du fût du couronnement
755 -- 254 Couronnement id.
756 -- 303 Candelabre du capitole.
757 -- 304 Vase forme Médicis avec figures, fond lisse.
758 -- 305 *idem* idem fond cannelé.
759 -- 361 Une base de colonne de la Villa Justiniani.
760 -- 408 Chapiteau du temple d'Erechtée à Athènes.
761 -- 409 } Ent. dudit temple,
762 -- 410 }
763 -- 0 Cymaise grecque,

NOTE

POUR RETROUVER

LE 1.er NUMÉRO DE CHAQUE MAITRE.

Albane,	1	Canova,	627
André del Sarte,	4	Canaletto,	61
Angelico,	8	Cantarino,	62
Appelman,	9	Carovage,	65
Asselyn,	10	Caresme,	68
Bahur,	11	Carrache,	70
Backhuysen,	12	Castelli,	71
Bassan,	14	Champagne,	72
Beccafumi,	18	Chardin,	79
Benedette,	19	Chancourtois,	80
Blanchard,	25	Cheron,	81
Bless,	25	Champagnio,	82
Blocmart,	26	Clouet,	85
Bol,	27	Colson,	88
Bolognese,	28	Coques,	89
Bosio,	695	Coypel,	90
Boudewins,	29	Crescensio,	91
Bourdon,	30	Crespi,	92
Bourguignon,	37	David,	95
Bosse,	38	Debay,	637 et 696
Breughel,	39	Decker,	94
Breughel,	40	Delafosse,	95
Bruandet,	42	Demarne,	98
Bronzino,	43	Della Belle,	99
Brusasorci,	44	Desmarets,	100
Both,	45	Dupenbeck,	101
Bonzel,	47	Dominiquin,	102
Boeyermans,	48	Dosso,	106
Bredael,	49	Doyen,	107
Breughel,	51	Durer,	108
Calabrois,	55	Dupré,	694
Cacault,	57	Fety,	109
Calvart,	58	Fouquieres,	110
Canuti,	60	Fragonard,	111

France,	112	Mather,	191
Francia,	113	Mattioli,	193
Franck,	114	Mauperche,	194
Fyt.	115	Maximilien,	624
Garofolo,	118	Michau,	195
Gaspre,	119	Michel,	201
Gautier,	121	Michel-Ange des Batailles,	202
Giordano,	122	Mieris,	204
Giorgeon,	123	Mignard,	205
Giraud,	636	Mola,	208
Glauber,	126	Molchneth,	699
Griff,	129	Monnoyer,	209
Grimoux,	130	Monper,	211
Guerchin,	131	Manglard,	213
Guido (René),	134	Mulier,	215
Helmbrecker,	140	Murillo,	218
Hermann,	143	Mutian,	220
Holbeen,	144	Oudry,	221
Honthorst,	145	Ovens,	223
De Hooge,	146	Palamede,	224
Huc,	147	Patel,	225
Huet,	148	Palme,	227
Jaley,	698	Parrocel,	228
Jean de Udine,	149	Pater,	229
Kalf,	150	Perelle,	231
Kayer,	151	Penni,	232
Lahyre,	152	Perrugin,	233
Lamarie,	629	Picters,	237
Lambretch,	154	Pietre de Cortone,	238
Lancret,	155	Philâtre,	240
Langevin,	158	Piazzetta,	241
Lebrun,	160	Pordenone,	242
Léonard de Vinci.	162	Potter,	243
Lespagnolet,	166	Poussin,	244
Lesueur,	168	Poelembourg,	246
Leseurre,	697	Porbus,	248
Licherie,	170	Pynaker,	249
Lotto,	171	Raphaël,	250
Lorrain (Claude),	172	Recco,	257
Lucas,	175	Rembrandt.	260
Loutherbourg,	177	Remond,	262
Lutte,	178	Romanelli,	263
Le Maltais,	179	Rombouts,	264
Manfredi,	183	Roncelli,	265
Maratti,	184	Rosa S.	266
Mario,	187	Rosa de Tivoli,	272
Martin,	189	Roselli,	275
Maryn,	190	Rouette,	276

Rugendas,	277	Van Blocman,	348
Rubens	279	Van Deluyne,	350
Ryckaert,	288	Van Velde,	351
Sablet J.,	290	Vandermeulen,	352
Sablet F.,	294	Van Goyen,	354
Sacchi,	296	Van Dyck,	355
Salimbeni,	300	Van Eyck,	358
Santerre,	301	Van Loo :	359
Sarzana,	302	Van Thielen,	360
Sasso Ferato,	303	Venius Otto,	361
Suc,	638	Vernet;	363
Seglas,	641	Veronnese,	367
Schalken,	304	Vignon,	373
Schall,	306	Viso,	374
Sébastien del Piombo,	307	Viviani,	375
Sigallon,	695	Volaire,	377
Seghers,	309	Vos (Martin),	578
Sirani,	310	Vos (Simon),	580
Sneyders,	311	Vouet (Simon),	582
Snave,	312	Vouet (Aubin),	586
Solimene,	314	Zory,	587
Spierings,	316	Zucchero,	588
Spranger,	317	Waell,	589
Subleyras,	318	Wateau,	392
Stella,	319	Winants,	394
Strozzi,	325	Winkenbrooms,	396
Swanevelt,	325	Wouwermans,	397
Tassi,	327	Wouwermans,	398
Tempête,	328	École espagnole,	399
Teniers,	331	École française,	400
Teniers,	332	Ecole hollandaise,	448
Teniers,	333	Ecole Italienne,	482
Tilborg,	335	Finit à	603
Tintaret,	336	Ouvrages très-anciens,	604
Titien,	341	Ecole de Florence,	616
De la Tour,	342	Finit à	618
Tournières,	345	Sculptures,	620
Valentin.	346	Finit à,	692
Van Blocman,	347		

www.ingramcontent.com/pod-product-compliance
Lightning Source LLC
Chambersburg PA
CBHW052248220526
45471CB00001B/240